伊藤哲司・呉 宣児・沖潮満里子 編
ITO Tetsuji, OH Sun Ah, & OKISHIO Mariko

アジアの
質的心理学

日韓中台越クロストーク

Qualitative Psychology in Asia
아시아의 질적심리학
亞洲的質性心理學
亚洲的质性心理学
Tâm lý học định tính ở châu Á

ナカニシヤ出版

はじめに

　本書は，日本・韓国・中国・台湾・ベトナムの研究者による共同執筆によるものである。それぞれの国から3人の研究者が寄稿し，そしてそれらの論考に対して，別の国の研究者がコメントを付けるというかたちをとっている。もちろんこのクロストークによって社会・文化・歴史的に違う視点がそこに持ち込まれることが期待されているわけである。執筆者の専門は，心理学・教育学・社会学・文化人類学・カルチュラルスタディーズ・経営学などであり，ある程度ばらつくように配置した。とはいえ，3人の編者のこれまでのつながりで執筆依頼をしたというのが実情であり，精緻にバランスが取れているとは言い難い。しかし，質的研究に取り組む多彩な研究者に論考およびコメントを書いてもらうことができたと思う。

　もちろんこれらの執筆者が，これまでも密に関係しあっていたかといえば，必ずしもそうではない。また日本語で執筆が可能な人には，最初からそのようにお願いしたが，韓国語・中国語・ベトナム語から翻訳した原稿もある。日本語が私たち執筆者の共通言語とは言えないなか，まずはすべて日本語にして本書にしたというところである。

　3人の編者たちは，いずれも主に日本で質的研究に精力的に取り組んできた。沖潮満里子さんは，障害のある兄弟姉妹を持つ人たちの生きるありようをその人たちとの語り合いを通して描いてきた。独自のスタンスで対話的自己エスノグラフィという方法を開発し，彼女自身も「当事者」であることから目を背けず真摯に向かいあってきた気鋭の若手研究者である。呉宣児さんは，故郷の韓国・済州島の原風景を語りから浮かびあがらせていくことを試みてきた。「風と石と女の多い島」と言われる済州島は，戦後の済州島三・四事件（蜂起した島民への虐殺事件，1948年）を経て「平和の島」とも呼ばれる。ビジュアルなイメージをあえて語りという言葉で立ち上げる試みは，大変興味深い。その成果は，日本語でも韓国語でも書籍化されている。

　そして私・伊藤哲司は，1998年ごろのベトナム在外研究でのハノイの路地の

フィールドワークをはじめ，1975年に終結したとされるベトナム戦争，その「勝った側のベトナム」ではなく「負けた側のベトナム」に着目し，緩やかに抑圧され潜在化した地域コンフリクトの渦中にいる南部ベトナムあるいは難民となって国外に出たベトナム系住民たちの語るに語れない語りにも耳を傾けてきた。また，山本登志哉さんらと「円卓シネマ」（同じ映画を一緒にみて語り合う異文化理解のための方法）を創出して韓国・中国・ベトナムの仲間と取り組んできたという経験もある。後述の日本質的心理学会が発行する学術誌『質的心理学研究』の編集委員を長年勤め，2014年度から3年間は，編集委員長も務めた。

＊　＊　＊

　日本では，質的研究の必要性が心理学などの学界で広く認知されるようになってすでに少なくとも10数年の年月がすぎた。もっとも象徴的なのは，やはり日本質的心理学会の設立（2003年）であろう。1990年代には，日本心理学会などで「定性的研究」や「フィールドワーク」がしばしば取り上げられるようになっていた。そのような土壌があるなかで，質的研究を本格的に扱う学術雑誌『質的心理学研究』の刊行（2001年より）が先行し，その学術雑誌の編集にあたった方々が中心となって立ち上げられたのがこの学会であった。

　その第1回大会が行われたのは京都大学で，当日は受付がパンク状態になってしまうほどの予想外の盛況ぶりであった。あのときの熱気は今でも忘れられない。企画の一つに，KJ法の創案者である川喜田二郎先生を囲んでのシンポジウムがあり，会場に入りきれない人もいて，そのことで大声をあげてクレームをつける人がいたほどであった。いまは故人となられた川喜田先生が，「KJ法は世界を平和にするんです！」とおっしゃったことに，強烈なインパクトを受けた。ボトムアップで練り上げていく対話のプロセスを共有すれば，そこには自ずと意見の相違を超えた繋がりができるとおっしゃりたかったのだろう。

　私自身この学会に当初から深く関わってきたが，実は設立時には少し違和感もあった。その理由のひとつは，「質的心理学（Qualitative psychology）」という名称である。通常「○○△△学」と言う場合，「○○」には研究の対象，「△△学」には研究の方法ないしはアプローチの仕方を示す名称が入ることが多い。

たとえば「認知心理学」なら，「認知」を対象に「心理学」の方法でアプローチする分野であるし，「文化人類学」なら「文化」を対象に「人類学」の方法でアプローチする分野と解釈できる。しかし「質的心理学」は，「質的」そのものを研究対象としているわけではない。また心理学以外にも，質的研究と呼ばれるものは，言うまでもなく，社会学・文化人類学・看護学・教育学等々，さらには理系分野にも広がっている。

しかし，この日本質的心理学会には心理学者以外の会員も多く，実質的に日本における質的研究の分野を牽引してきているのは事実である。量的なデータでは捉えきれない人間の諸活動の質的な部分を扱うのは，人間研究をしている者としては当然であり必然である。むしろそれを量的なデータに落とし込むことによる損失を，質的研究に携わる人たちの多くは実感しているのではなかろうか。むろん量的研究を否定するものではない。むしろそれでこそ分析可能になる現実の側面もあろう。心理学などの分野では，物理学の方法を範としてきたところがあり，精神物理学測定法なるものまで編み出してきた歴史がある。私も，そうした心理学を1980年代の学生時代に学んだ1人であるが，人間研究ではどうしてもそれに収まりきらないものを感じてきた。21世紀に入り，日本質的心理学会ができたことは，そうした質的研究への関心をいっそう高め，広がりと定着を図る役割をしたことは間違いない。

日本質的心理学会が「日本質的研究学会」とならなかったのと同様に，本書も「質的心理学」という名称を用いることにした。「心理学」は，私たち編者3人が依って立つディシプリンでもあるが，もちろん「心理学」以外を排除する意図はない。また「アジアの」とタイトルにつけたが，どうにかカバーできたのは，アジアのごく一部，後述するように漢字文化圏の国々（それもすべてとは言えない）である。さらに今後のネットワークの広がりへの期待が込められていると，少々寛容にみていただきたい。

＊　＊　＊

隣国の韓国でも，質的研究への関心は高いと聞く。ただし，ひとつの学会がまるごと質的研究に取り組む研究者コミュニティをつくっているということはない。韓国心理学会の中で，毎年質的研究に関するセッションがもたれ，議論

が積み重ねられているそうであり，本書の編者の1人である呉宣児さんも，これに毎年参加している。

中国では，中国心理学会のなかで，質的研究専門委員会設立の動きが出てきたという。21世紀に入ってから社会学や教育学などの分野でも質的研究が盛んに実施され，その研究法に関わる本も多く翻訳出版されているそうである。

台湾では，社会学・教育学・心理学・人類学を中心に質的研究が使われることが多くなっているものの，質的研究のための学会は存在していない。ただし，本書執筆者のお一人である中国の片成男さんによれば，中国における質的研究は，台湾での質的研究から影響を受けているのではないかとのことである。

ベトナムにおいては，大規模にアンケート調査を行うような研究費が十分ないといった理由で代替としてインタビュー調査が行われ，それらが結果的に質的研究になっているのではないかと聞いている。実質的に質的研究は行われているということだが，そのための学会などでの議論の積み重ねは，まだこれからということなのだろう。

* * *

冒頭に述べたように本書では，日本・韓国・中国・台湾・ベトナムの研究者たち各3人に論考を寄稿してもらった。これらの国や地域は，漢字文化圏ということで共通性がある。日本ではあまり知られていないのかもしれないが，ベトナム語も多くの単語が中国から入ってきた漢越語であり，アルファベット表記をするベトナム語の7割ぐらいは漢字で書くことができる。

なお今回，日本・韓国・中国・ベトナムに加えて台湾を加えたことには，もちろん政治的な意図はない。「台湾は中国の一部」というのが中国の国家としての立場であり，日本もそれを支持する立場だが，台湾は，中国とは別に独自の文化を育んできた歴史があるし，学術研究でもそうした面があろう。その現実を踏まえ，本書ではあえて台湾を加えたということをお断りしておきたい。

今回の執筆者たちは，それぞれの国や地域の質的研究者の代表という位置づけは，必ずしもできないと思っている。もちろんそれぞれみな優秀な研究者であることは間違いないが，先に述べたように，編者たちとの個人的な繋がりのなかで執筆をお願いしたというケースが多い。なかには，本の執筆が初めてと

いう若手も含まれている。しかしこれらの論考を読むことによって，これらの東アジアの質的研究の広がりやバリエーションを，感じ取ってもらうことができるだろう。

　各執筆者の論考には，別の執筆者がコメントを寄せている。その組み合わせは，別の国・地域となるように配慮した。もちろん異なる社会・文化的背景からの批評を期待してのことである。その対話の一端にも注目していただきたい。

　編者の私たち（伊藤，呉，沖潮）としては，本書をきっかけに東アジアの質的研究の交流がさらに生まれ，それが活性化していくことを期待している。実際私たちも，たとえば韓国心理学会の質的研究のセッションに参加してみたいという希望をいだいているし，本書の日本語以外の翻訳版ができることを願っている。さらにその先にどんな地平が開かれていくのか，そのこと自体に編者として期待もしている。

＊　＊　＊

　本書ができるまでには，ナカニシヤ出版の山本あかねさんに大変お世話になった。山本さんと編者たちは，地理的には離れて普段は仕事をし生活をしているため，幾度も Skype で編集会議を開いて，それを積み重ねていった。さらに 2017 年 8 月には，茨城県の筑波山麓にあるホテルで全員が参加し合宿し，すべての論考，コメントをふまえた座談会を行った。そのときの様子は，本書に組み込まれている。そうしたことの上にこの本ができているということを感じ取っていただければ有り難い。

　座談会を行う場所としては，呉宣児さんの故郷である韓国・済州島で，という構想もあったが，今回は実現できなかった。そんなアジアの風を直に感じながら質的研究を語り合う，いつかそんな機会を紡いでいければと考えている。

編者を代表して　伊藤哲司

目　次

はじめに　*i*

━━━━━■ 日　本 ■━━━━━

第 1 章　障害者のきょうだいによる語り合いの様相 ……………………… 2
　1. 質的研究と私　2
　2. 自己エスノグラフィ　3
　3. 語り合い　3
　4. 語り合いの様相　4
　5. おわりに　9
　コメント：共感し理解するプロセスに伴う治癒とエンパワメント　11

第 2 章　障害の経験に関する質的研究を振り返って ……………………… 12
　1. 質的研究と私　12
　2. 中途肢体障害者のライフストーリー　13
　3. 障害者施策に関する住民会議のアクションリサーチ　15
　4. 東アジア地域における障害者の質的研究　16
　5. まとめ―東アジアの質的研究の緩やかなネットワーク―　19
　コメント：アクションリサーチからみる援助の在り方　22

第 3 章　対話的ビジュアルエスノグラフィーへの模索―暗黙的な保育者の専門性を描くことは可能か― ……………………… 24
　1. 質的研究と私　24
　2. 1 歳児保育の難しさとは何か　25
　3. 難しさを越えようとする知のありようを捉えたい　26
　4. 対話的ビジュアルエスノグラフィーの実際　27
　5. おわりに　32
　コメント：動的な実践知・専門知の言語描写への挑戦　34

韓　国

第4章　語り合いからみる原風景の個人性と共同性 ……………………… 38
1. 質的研究と私　38
2. 知り合いと語り合う調査，話の流れを輪切りにしない分析がしたい　40
3. 語る当事者のリアリティをどう伝えるか（個人語りから）　40
4. 原風景の「共同性」は何を基準にどう説明できるのか（共同語りから）　44
5. おわりに　46
　コメント：具体性と抽象性を往還できるモデル　48

第5章　教室討論における学生感情の役割 …………………………………… 50
1. 質的研究と私　50
2. 教室でのディベートにおける学生の経験の促進剤としての感情　52
3. 韓国に戻ってきてから受けた数多くの質問　56
　コメント：質的研究の楽しさと学び　59

第6章　癌患者をめぐる家族共同体の語り ………………………………… 61
1. 質的研究と私　61
2. 癌患者と家族の保護者に関する研究　63
3. おわりに　68
　コメント：「多様な経験へのニュアンス」をどう描くか　70

中　国

第7章　物語と時間と感動―スキーマ・アプローチからみる物語の時間構造― …………………………………………………………………………… 74
1. 質的研究と私　74
2. 物語と心理学研究　75
3. ある物語との出会い　75
4. 物語の分析　76
5. 時間から何を読み取るか　80
6. おわりに　82
　コメント：作文という小さな物語の可能性　83

第8章　「地主の死」と口述史研究 …………………………………………… 85
1. 質的研究と私　85

2.「地主の死」と口述史研究の実践　86
  3. 口述史研究と質的研究方法の考察　92
  コメント：中国における口述史研究から浮かぶいくつかの疑問　94

第9章　中国における質的研究の倫理課題 …………………… 96

  1. 質的研究と私　96
  2. 中国における質的研究の倫理問題　96
  3. 涼子さんを傷つけた　98
  4. 理解の難しさ　100
  5. おわりに　101
  コメント：方法論としての調査倫理　103

━━━━━━━━━　台　　湾　━━━━━━━━━

第10章　「世直し」と「立て直し」の視点からみる台湾の寄付文化
　　　　　　………………106

  1. 質的研究と私　106
  2. 台湾の寄付事情　107
  3. 台湾の社会における寄付の理由と課題　108
  4. 寄付行為の社会的意義と東日本大震災　111
  5.「世直し」志向と「立て直し」志向　113
  コメント：文化としての寄付行為　116

第11章　国際結婚家庭における母親の母語継承に関する価値観─台湾でのインタビューからみえてきた現状と課題─ …………118

  1. 質的研究と私　118
  2. 多言語多文化の台湾社会と国際結婚　119
  3. 抑圧された「外籍」の配偶者の母語　120
  4. 母親自身が考える母語継承─43名のインタビューから─　120
  5. 子どもはどのように捉えているのか　125
  6. 母語継承における課題　125
  コメント：他国の先駆けとなる多角的な研究　128

第12章　ロックの飛地からヘテロトピアへ─台北と北京のレジェンドライブハウス─ ……………………………………………130

  1. 質的研究と私　130
  2. 東アジアの都市におけるレジェンドのライブハウス　132

3. 結論―ロックの「飛地」から都市の「ヘテロトピア」へ― 138
コメント：心の「宿場」としてのライブハウス 141

■ ベトナム ■

第13章 ハロン湾筏ハウス住民移転プロジェクトと漁民の文化および生計の変化 …… 144

1. 質的研究と私 144
2. ハロン湾筏ハウス住民移転 144
3. 生計と文化実践アイデンティティの変化 146
4. おわりに 149
コメント：社会的不平等を浮き彫りにする質的研究への期待 150

第14章 ベトナムの日本企業の人材の現地化の現状と課題―人的資源管理システムの国際移転の視点から― …… 152

1. 質的研究と私 152
2. 日本企業の海外子会社における人材の現地化 152
3. 問題と目的 153
4. 方　　法 154
5. 結果と考察 155
6. 結　　論 160
コメント：経営の「三種の神器」の栄光と崩壊 161

第15章 未成年の家族における無関心―質的調査による発見― …… 163

1. 質的研究と私 163
2. 未成年の子どもの家族に対する義務 163
3. 家族における無関心 165
4. 研究方法 165
5. 調査結果 167
6. 質的調査による主な発見 171
コメント：変化する社会の中のベトナムの家族の様子 172

■ 座談会 …… 175

おわりに 191
索　引 193

■日　本

第1章
障害者のきょうだいによる語り合いの様相

沖潮（原田）満里子

1. 質的研究と私

　私は修士論文を2本執筆しているのだが，1本目は，質的研究と量的研究のハイブリッドと言われるPAC分析技法（内藤，2002）を用いて研究を行った。インタビューがPACの中心部分になるわけだが，その枠組みは協力者の言葉をクラスター分析することで作られる。協力者自身の言葉がインタビューの枠組みの基になるという点に私は魅かれていた。その後社会人を経験して大学院に戻ろうと決めたとき，恩師の「満里ちゃん，自分のことをやってもいいのよ」という言葉がずっと心の奥底にあったことや，障害者の語りを題材とした研究に刺激を受けたこと，自身の経験が盛り込まれた読み応えのあるエスノグラフィに出会ったことをきっかけに，障害者のきょうだいである自分だからできる研究があるのではないかと思うようになった。そして2本目の修士論文は「障害者のきょうだい（以下，きょうだい）」をテーマにした。先行研究を調べていくうちに，「どうも味気ない」「何かが足りない」という気持ちがふくらみはじめた。きょうだいの生活世界はこんなものではないだろう，と。もっと生き生きとしたきょうだいのありよう，生きる質感を伝えたいと考えるようになった。その際に，研究者がどのようにその場に居合わせたのか，それを提示することで描いていきたいとも思った。そして，きょうだいである自分自身の顔を出しつつ，協力者の主観をいかに伝えていくか，語りの共同構築性（能智，2011）に重きをおいた質的研究を展開していこうと決め，博士論文も執筆した。面白いことに，研究者の主観があまり入らないとされる研究方法に魅了された私は，後に研究者の主観を活かす研究方法へとシフトしていったのである。

2. 自己エスノグラフィ

　きょうだいのありようを研究しようとした私は，まずは一番身近な自分自身の経験を研究することからはじめた。それが自己エスノグラフィである。自己エスノグラフィ（Autoethnography）とは，自分自身の経験についてのエスノグラフィのことを指す，近代的なエスノグラフィの一種である（Ellis, 2004）。多くの自己エスノグラフィは，研究者自身が経験を想起しながらひとりで言葉にしたものをデータにしているが，私は他者に聞き役になってもらい自分のライフストーリーを語り，それをデータとして共に分析・解釈をする「対話的自己エスノグラフィ」という新たな試みを行った（沖潮, 2013）。その結果明らかになったのは，私が障害のある妹の発達を捉えていく視点と，2種類のきょうだいとしての揺らぎである。ひとつは，存在するだけで価値があるという家族的な価値観と，経済的な活動等ができることに意味がある社会的な価値観の狭間での揺らぎである。もうひとつは，青年期の発達課題でもあり社会的言説でもある，人は自立して生きていく，つまり障害者もそのきょうだいも別々に生きていくというストーリーへの追従と，それでよいものかと葛藤する気持ちとの間に揺らぐというものであった（沖潮, 2016a）。また，対話的な自己エスノグラフィにおける私と聞き手のやりとり，とくに聞き手の働きかけについての検討もなされている（能智・沖潮, 2015）。

3. 語り合い

　私の経験の研究と同時進行的に，私は他のきょうだいとの語り合いもはじめた。語り合いとは，自分自身や身の回りの出来事をどのように捉え，どういった心的世界を生きているのかを探ろうとする，研究者も協力者と同様に語りに参与し，対話を展開する非構造化インタビューの一種である（大倉, 2008）。私の研究では，きょうだいであることをどのように捉え，思い，考えながら日常を過ごしているのかを当事者同士である協力者と私の対話をもとに明らかにしている。原田・能智（2012）では，「二重のライフストーリー」というきょうだいの生きる形を描いた。それは，きょうだい自らと障害のある兄弟姉妹（以下，

兄弟姉妹）のライフストーリーという2つのライフストーリーをどこかで重ね合わせながら生きること，つまり自らの人生と同様に，兄弟姉妹の人生をある程度引き受けていこうとすることである。協力者の一人が「妹がいるのに障害のある姉を施設に入れるのはどうなんだ，と周りから言われないよう姉の世話を将来はみるものだと思っていた」と語るように，日本では親亡き後はきょうだいが，という障害者支援観が根強い。私を含めた語り合いの協力者は，当時青年期を生きていたが，青年期には「自立」という家族からどう離れていくかという発達課題がある。一方，兄弟姉妹をはじめとする家族とのつながりを持ちつつ生きるにはどうすればよいのか，と葛藤を抱えながら今後の生きる形を模索している姿はきょうだいの特徴のひとつであると考えられた。

4. 語り合いの様相

　先に提示した「二重のライフストーリー」は，私と協力者の間で合意やズレを含んだやりとりから浮かび上がってきた知である。これは，形は多様であるが，いくぶん固定化された「静的な知」であると考えられる。それに対して，ここでは語り合いから見出される「動的な知」，いわゆる知の動的な側面を探求していきたい。つまり，「二重のライフストーリー」が浮かび上がる素地としての語り合いはどのように構築され，どのような様相や機能があるのか，という語り合いそれ自体について検討していきたい。

　ここで紹介するのは，二宮みさきさん（仮名，女性，当時大学生）との語り合いである。二宮さんには，知的障害のある妹がいる。私には知的障害と身体障害のある妹がいる。二宮さんが，卒論できょうだいをテーマにできないかと考え，私の研究の話を聞きに来たのが1回目の語り合いとなった。なお，語り合いの抜粋にある「二」は二宮さんの，「私」は私の語りである。二宮さんが「原田さん」と呼ぶのは私の旧姓である。

(1)「共有」の感覚の芽生え

　1回目では，私がこれまでの研究として，第2節で述べたような自分のライフストーリーを二宮さんに紹介した。それが二宮さんに「共有」されたことで，

二宮さんにここでは自分のライフストーリーを語ってよいという感覚をもたらしたようだ。というのも，二宮さんは「違う話になるんですけど」と告白するかのように以下のような話題を突如切り出した。

二　違う話になるんですけど，道徳の時間は嫌いでした。
私　あ〜，なんで？
二　何か，やっぱり，そういう話が出てくるじゃないですか。
私　あ〜，そっか。私全然覚えてないけど，あれ？　何かこう，助け，何かが必要な人には助けましょうとか，そういう話？
二　ちょっと，はい。私性格悪いんで，実は。
私　あ〜なになになに？
二　あ〜，性格悪くて，何か友達，友達じゃないですけど，また，クラスメイトが何か「可哀想だから助けてあげます」みたいなことを発表するんですけど，「偽善者が」って思うんですよね（お互い笑う）。実際，助けないだろうって思うんですよね。
私　それは，こう，自分が妹さんといる時に，何かあった時に，助けよう，としてくれる人が誰もいなかったからとかそういうんじゃなくて？
二　そういうことがあったのかわからないですけど，覚えてないんですけど。何か，「お前たちにはわかんないだろ！」っていう思いしかなくて。道徳の時間が本当に嫌いで。　　　　　　　　　　　　　　　　　　　　（1回目）

「そういう話が出てくるじゃないですか」とぼかしながらも，言わんとしていることを私がわかるだろうということも想定して話を続けている。最終的には，2人とも二宮さんの当該発言の後に笑っていることからも，少し冗談めかしてはいるが，吐き捨てるような言い方で「『偽善者が』って思う」と二宮さんは胸の内を語っている。

別の場面では，「普通の友達には言えないじゃないですか，そういうダークなところ，『嫌われたらどうしよう』とか思う」とか「『偽善者が』って思ってたのは，絶対言えない」（5回目）と語っている。自分が持っている「ダーク」な部分，つまり毒々しい部分はそう簡単に外には出せない。けれども，初対面であるにもかかわらず，普通の友人には言えないようなことを二宮さんは私に語っていた。二宮さんはダークなことが話せるかどうかは「きょうだいでも人による」（5回目）と語る。ではなぜ私に語ることができたのかを問うと，「1・2

回目で言えたのは，原田さんが，最初に自分の経験についてすごい細かく説明してくれて，何かその，やっぱりそこでも，ほかの人の目とか悪口とかどうのこうのっていう話をしてて，『私だけじゃないんだ』っていう思いを先に感じたので，『私もこれを経験したからこう思ってきたんです』っていう風に言えたと思うんですね」（5 回目）と語った。つまり，私がきょうだいだから語ったわけではなく，自分の妹が周囲からじろじろみられたりすることで社会に嫌悪感を抱いたという私の経験を聞き，それを二宮さんが「共有」したから語ったということだろう。私のライフストーリーの提示が，二宮さんに自身の経験やライフストーリーを語れる素地を作ったのだと考えられる。

(2) ライフストーリーを「共有」できるのか試す

　二宮さんは自分の経験やライフストーリーが私と「共有」できるものなのかを確認しながら，自らのライフストーリーを語っていったと思われる。というのも，二宮さんは多くの場面で「原田さんはどう思いますか？」と自らの意見を述べた後や，気になるトピックについて私の意見を聞いていた。

〈1 回目の語り合い：妹以外の障害者と接することについて〉
　二　小学校……あっ，小学校中学年くらいまでは，普通にやってたんですけど。やっぱりちょっと，う〜ん，ある程度上がってくると，何か，（妹と他の障害者は）別かなぁ〜とか。
　私　何か（年齢が）あがってくと，もっと何か，みんなと仲良くなれたりね，何かするのかなぁっていう感じは何となくしたけど。
　二　本当ですか，原田さんどうでしたか？
　私　私はあんまり，結構，他の人でも大丈夫かな。大丈夫っていうか，何だろうなぁ。まっ，確かにうちの妹がやっぱりかわいいって思うんだけど。

〈2 回目の語り合い：障害受容について〉
　二　（障害が治るという「夢」をみている人は，障害受容のプロセスでみられる「否認」の）反対というよりはベクトルが違う方向に行っちゃったという感じがして……。この人たちは「一体どうしたいんだ」と思う気持ちも，あったりとか……。原田さんの「受容」って，どう思いますか？
　私　ん〜，私，実は「受容」っていうことはね〜，あんまり考えたことがなくって。ん〜，今自分が「受容」してるのかも，「受容」しようとしてる

のかも。(中略) あんまり「受容」って言葉は，使わないし。

〈3回目の語り合い：障害者を理解することはできるのか〉

二　(ゼミの) 3年生たちが (私は，障害者をみてドキッとした時は，そういう自分がドキッとした時の気持ちを無視せずに受け入れて，理解していこうと思います，と) 言ってて。4年生は，若干もうイライラして，「いや，だから〜」みたいな。でも何か発言をしたら多分みんな，場が凍る。

私　ばぁ〜ってなる……，ふーん。

二　その3年生の子が，私が感動したその子が言うには「理解はしなくてもいい」っていう話だったんですよ。その何か，いちいち，一人ひとりを理解しようって，されて近づかれても，こっちとしては迷惑だし。そんな何か中途半端な感じで来られても，何か，うーん。

私　困る，というか，理解なんてね，まずできるかって言ったらね。

二　無理ですよね，原田さんはどう思いますか？

私　だって私自身，妹のこと，まず理解できていないもんね。

二　そうですよね，ちゃんと，その，そのままを理解するってのは。

二宮さんが私の意見を聞いているのは，妹以外の障害者との関わり，障害受容，障害者を理解する，といった二宮さんが気になってはいるけれども普段から友人との会話には出てくることのないトピックがほとんどであった。このようにして，私とライフストーリーを「共有」できるのかを二宮さんは確かめていたようである。実際，それまでの語り合いを振り返る場面では，二宮さんは私の意見を聞いていたことを「いろいろ試していた」と語る。

私　何か，本音じゃないけど，その「偽善者が」みたいな風に思ってるのを，その友達に言っちゃうと，その友達が，うん，何か傷ついちゃうというか，多分ショックを受けるんだろうな，みたいな。

二　絶対，絶対とは言わないですけど，きっと，今まで生きてきた中では，クラスメイトにそういう子がいたりとかしたことはあると思うんですよね。だから余計に (言えない) ですね。(中略) そこに対して結構長々と話してたと思うんですけど，すごい何か「私悪い子で……」っていうのをずっと最初のほうは言ってたと思うんですけど。あれはきっと，多分原田さんがそう (偽善者と) 思ったことがないとか，(妹が障害者だと) 打ち明けるのに，そのまぁ「普通に打ち明けてたよ」みたいなことを言ってて「何でなんだろう？」っていう思いもあったなって。私はこうだったのに，

やっぱあれ，みんな違うのかなぁと思ったりしてたんですけど。そういうことも気になって。ずっと「こういう経験がありました」とか何かすごい言って，試してたのかなぁっと思って，今思ったら。　　（5回目）

　二宮さんは幼少期から大学生である現在でも，妹が障害者だということをごく一部の友人にしか伝えたことがなかった。また，妹のことを伝えたからといって「ダーク」なところまでは語れないように，自分の気持ちをすべて語れるかというとそうではなかった。ライフストーリーは「共有」されたほうが，「自分だけじゃない」と思える点では気持ちの上では安堵がもたらされるし，経験として心地よいものであったりする。二宮さんは私のライフストーリーを聞きながら自身のライフストーリーとの「共有」を見出していた。だからこそ，今度は自分のそれを私に「共有」して欲しいと思い，どこまで自分の気持ちが許容されるのか，「共有」できるかどうかを確認しながら語っていたのだろう。

(3) ライフストーリーの「共有」の先に

　しかし，妹が障害者であることを周囲に伝えるかどうか，二宮さんと私のスタンスは違っていたし，「偽善者が」と思ったり，他の障害者を拒否していたという認識も私は持ち合わせたりはしていなかった。つまり，二宮さんのライフストーリーとは異なるものとして私のそれは立ち表れていた。二宮さんも「何か原田さんと私の生き方って，ちょっと真逆なところもあるような気もします。私は結構，隠れて，隠して隠してっていう感じで」（3回目）というように，私との違いについて意識をしていた。また，「逆に全部もうピタッときたら，気持ち悪いですよね？」（5回目）と2人の間の違いや「共有」されないものがあることを認めている。さらに「生き方が全く違うのに，その障害のこと（妹に関する経験など）に関することは一致するのが面白い」（3回目）というように，「共有」することとされないことの双方に目を向けている。

　それでも最終的には，ライフストーリーを「共有」できるからこそ私には多くを語ることができているのだろう。「原田さんだと何か，何でも話しちゃうし，聞いて欲しいなっていう……何かお姉さんっていう感じで」（5回目）というように，実際，語り合いの最中やその前後でも，私たちはきょうだいとしての自

分や妹たちのことだけではなく，脱線とも捉えられるかもしれないが，二宮さんの好きなアイドルや，ゲームやアニメ，恋愛についても語り合ってきた。そういった2人の時間も「何か多分，多分，（原田は）わかってくれるっていう思いが絶対あるんですよね」（4回目）と，二宮さんにとっての「共有」を支える基盤となっていたのだろう。

　以上，二宮さんと私のライフストーリーの「共有」について検討してきた。二宮さんは，7回の語り合いの後，自身のことも含めた障害受容について卒業論文にまとめている。二宮さんにとって，この語り合いは安心して自分の気持ちを語れる場，自分のライフストーリー，あるいは生きてきた人生そのものがエンパワメントされ，二宮さん自身が力をつけていく場としての機能を果たしていたのでないだろうか。また，語り合いの様相として，はじめはライフストーリーにおいて「同じ」という共通性を見出し，次第に私との間にズレを感じるようになったが，人間は違っていて当たり前という「違い」にも後押しされ，自分の生きてきた人生を自ら承認していく，という二宮さんの様子がうかがえた。

5. おわりに

　本稿では，語り合いにおいてライフストーリーを互いに提示し「共有」することは，自らのライフストーリーを再度承認し，自身をエンパワメントする機能があったということが，そのプロセスからみえてきた。このように，語りの全体的な性質により注意を払い，その文脈の中での語りの理解を目指す分析方法を総じてシークエンス分析と呼ぶ（Flick, 2005）。語りを共同構築したものと捉えるには，語りから導かれた知の内容（静的な知）だけでなく，それが見出されるプロセスや素地（動的な知）を描くことも必要である（沖潮，2016b）。本稿で提示したのは，語りの内容だけでなく，語り方や語りのプロセス，語りの機能に注目することで，語りを重層的に見つめ直すことができるという一例である。ここにまた語りを扱う質的研究の醍醐味があるといえるだろう。

引用文献

Ellis, C. (2004). *The ethnographic I: A methodological novel about autoethnography.* AltaMira Press.
Flick, U. (2005). *Qualitative forschung: Ein handbuch.* (小田博志・山本則子・春日　常・宮地尚子（訳）(2011). 新版質的研究入門―〈人間の科学〉のための方法論―　春秋社）
内藤哲雄（2002）. PAC分析実施法入門―「個」を科学する新技法への招待―（改訂版）　ナカニシヤ出版
原田満里子・能智正博（2012）. 二重のライフストーリーを生きる―障害者のきょうだいの語り合いからみえるもの―　質的心理学研究, *11*, 26-44.
能智正博（2011）. 質的研究法　東京大学出版会
能智正博・沖潮（原田）満里子（2015）. 対話プロセスとしての自己の語り直し　鈴木聡志・大橋靖史・能智正博（編著）　ディスコースの心理学―質的研究の新たな可能性のために―（pp.135-153）　ミネルヴァ書房
沖潮（原田）満里子（2013）. 対話的な自己エスノグラフィ―語り合いを通した新たな質的研究の試み―　質的心理学研究, *12*, 157-175.
沖潮（原田）満里子（2016a）. 障害者のきょうだいが抱える揺らぎ―自己エスノグラフィにおける物語の生成とその語り直し―　発達心理学研究, *27*, 125-136.
沖潮（原田）満里子（2016b）. 対話的実践における〈あいだ〉の記述―語り合いと対話的な自己エスノグラフィを通して―　質的心理学フォーラム, *8*, 23-31.
大倉得史（2008）. 語り合う質的心理学―体験に寄り添う知を求めて―　ナカニシヤ出版

共感し理解するプロセスに伴う治癒とエンパワメント
ド　スンイ（DO Seung Lee）／訳：呉　宣児（OH Sun Ah）

　沖潮氏の論考を読みながら，根拠理論（グラウンデッド・セオリー）という質的研究方法を使い研究を行った自分との類似点を見つけることができた。それは沖潮氏が博士論文の研究では質的研究へ邁進したこと，その主な理由が量的研究ではわかり難かった部分に質的研究では接近することができたという点である。そして指導教授のサポートや，障害者に関するエスノグラフィに接しながら，障害者のきょうだいとしての自分の語りを世に知らせようとする欲求などが働いただろうと思われる。沖潮氏は，研究者の主観が入らず，協力者の枠組みで研究することに魅了されていたということだが，「研究者の主観が生きて動く質的研究方法へ転換」するプロセスは，それこそ人生の転換期のような大きな事件であったと思われる。そのような転換には指導教授のサポートと自分がそれまで属していた文脈が大きな要因であっただろう。私もやはり討論における情緒作用が知りたくて量的研究者から質的研究へ転換しており，その際には指導教授のサポートが非常に重要であった。

　沖潮氏は障害者のきょうだいを研究する際に自己エスノグラフィから始めたが，そこでは「対話的自己エスノグラフィ」というとても興味深い質的研究を実施した。障害者のきょうだいとして沖潮氏は自身の経験を研究しながら，同じ立場の障害者のきょうだいである二宮氏との語り合いを通して共同でストーリーを構築しながら意味を捉えていくプロセスを経ていたが，このプロセスは障害者のきょうだいの経験をより深層的に把握できるようにするだろう。沖潮氏は各自の立場を共有することによって自分の人生を再度承認し，自分の人生に自信をもつようになった二宮氏のありようを提示した。私はこれが語り合いの重要な心理的機能であると考える。たとえば，青年期を通過していく障害者のきょうだいが青年期の自然な自立の欲求や障害者や他の家族間の連携の中で葛藤する経験はきょうだいに障害者がいない人たちには想像しにくいものであっただろうと思う。このような経験を他の障害者のきょうだいと一緒に見つめ分析し，その感覚を共有するプロセスは，それ自体治癒の効果があると考えられる。

　結論として，沖潮氏の二人で語り合うアプローチは，自身の経験を深層まで探っていくエスノグラフィの要素と共に，同じ立場の他者と深く語り合いながら新しい観点からその経験を照らしてみることによって質的研究としてより豊かな結果をもたらすことができる。沖潮氏はこのような豊かな結果の中にある，語り合った内容だけではない，語り方や語りのプロセスや機能に注目することで，語りを重層的に見つめ直すことができると言っている。もう一つ省略できない長所は，他人とおしゃべりをするような自然に語り合う中で出てくる共有は，そのプロセスそれ自体が社会的であるという点である。互いの語りに共感し理解する共有プロセスは，互いを治癒し，研究者自身のエンパワメントも期待できると考える。

第2章
障害の経験に関する質的研究を振り返って

田垣正晋

1. 質的研究と私

　筆者は，学部生の頃は，文学部社会福祉学科に在籍しており，障害者に対する援助，障害者と健常者との共生といった望ましい状態を追求することを学び，その重要性を感じながらも，理想論的すぎるといった違和感を持っていた。文学部だったために，思想や文学の研究に関心を持つ友人が多く，彼らからは，障害者を題材にした文学作品，自らが障害者だった詩人の作品や映画にふれることをすすめられた。このような環境にいたので，むしろ，「援助」から離れて，障害者の実像をもっと冷静にみる必要があると思っていた。

　筆者がちょうどその頃，『スティグマ』という本を見つけ，そこには，障害者の様子が淡々と書かれていた。同書は，自分の関心にこたえてくれると同時に，私が研究自体に興味をもった大きな契機になった。これ以来，スコット（Scott, 1969）など，ゴフマン（Goffman, 1963）と類似した先行研究を読み，大学院に進学することになった。ゴフマン（1963）は，質的研究におけるエスノグラフィーの名著として高い評価を受けているが，私が同書を質的研究として意識したのは，大学院に進学して，さまざまな方法論を学び始めてからである。

　筆者は，大学院の頃から数えれば，障害者の心理社会的課題に関する質的研究に約20年間取り組んできたことになる。1つ目のテーマは，修士論文から続いている，中途肢体障害者における障害の意味の長期的な変化であり，ライフストーリー研究法を用いている（田垣，2007, 2014）。2つ目は，大学教員になってから続けている，障害者施策に関する住民会議のアクションリサーチ，3つ目は，質的研究を中心にした調査方法論に関する研究である。この過程におい

表 2-1　筆者の研究過程

テーマ	研究対象	理論	方法論	学術的，実践的貢献
肢体障害者の心理社会的問題（院生時代から）	脊髄損傷者	Goffman（1963），Wright（1960;1983），Elder & Janet（1998）	質的調査におけるライフストーリー，Bruner（1986）のナラティブ，Lewin（1951）のアクションリサーチ	実証研究と総説を通して，リハビリテーションや障害者福祉における「障害受容」言説を相対化
障害者施策に関する住民会議	市町村	Weick（1995）のセンスメーキング，Ross（1955）の地域福祉における3つのゴール		
自治体における質的調査のコンサルティング	市町村における社会福祉施策に，の自由記述，グループインタビュー，ワークショップのまとめ方		質的調査の受業生や手法を提言 質問紙調査	

て，海外の学術誌への論文投稿や国際学会における研究発表を通じて，研究交流をしてきた。研究活動には，その分野の学問上の貢献のみならず，教育や福祉の施策に対する実践上の貢献も必要なので，筆者の研究と学問上および社会実践的な意義を表2-1に整理した。本稿では，この20年間の筆者の研究活動を振り返りながら，東アジアにおける質的研究のネットワーク化の可能性を検討する。

2. 中途肢体障害者のライフストーリー

　第1のテーマでは，中途肢体障害者の心理社会的課題を長期的な視点から検討してきた。国の調査によれば，日本の 障害者は約859万人と推定され，全人口の6.7%程度である（内閣府，2017）。障害者は，身体障害者，知的障害者，精神障害者と3つに区分され，身体障害者は肢体不自由（障害），聴覚言語障害，視覚障害，内部障害から構成されている。本研究の協力者は，脊髄損傷者，つまり，人生の途中で交通事故等によって下半身に著しい機能障害をもつことになった人々である。筆者は，修士論文，博士論文，博士論文の追跡調査それぞれにおいて，障害者団体や障害者スポーツの同好会を通じて協力者を募り，半構造化インタビューを実施した 。

　この研究では，生涯発達やライフコース理論（Elder & Janet, 1998）のよう

に時間軸を長くとること，これによって，障害に関する肯定的および否定的側面双方をバランスよく尋ねることを心がけた。筆者は，これを両価的視点（田垣，2014）とよんでいる。とくに，否定的あるいは肯定的経験の一方が他方を凌駕したり，補償したりするのではなく，双方が同時に存在していることを見出した。このような立場を筆者がとった背景には，「障害受容」「障害の克服」「自立」といった，時間経過とともに完成体を目指すような障害者像に対して違和感をもっていたからである。たとえば，大学生が交通事故で重度の麻痺をもった後，障害を受容できたとしても，就職活動，結婚や子育てといったライフイベント，あるいは，加齢にともなう体力の低下において障害が重大な生活上の問題になることは十分に想定される。障害受容という完成形を前提にした障害者像を用いるのではなく，障害に関する経験をありのままに検討することが必要と思われた。ただし，筆者は，障害受容といった完成体を目指す障害者像を全否定しているのではなく，家庭，学校，職場，地域活動といった場面や，ライフステージといった時間的文脈を限定するべきと考えていた。

　協力者の語りの内容は，医療，就労，家族や友人との関係，障害者に対する社会的言説への見解など多様だった。大きくまとめれば，協力者は，受障期間が長くなるにつれて，障害に対する意味づけを多元的にすると同時に，受障前―現状，受障後―現状と複数の時間軸を想定していた。また，これまでの意味づけを修正し，各時間軸において，語りに首尾一貫性を持たせようとしていた。

　筆者が大学院時代に大きな影響を受けたのは，アメリカのリハビリテーション心理学の古典と評されているライト（Wright, 1960, 1983）である。この研究は，障害受容概念の理論化，健常者の障害者に対する偏見など，障害者に関する心理社会的事象を包括的にまとめたばかりか，アメリカ障害者法の制定といった制度面にも強い影響を及ぼした。同書の初版（Wright, 1960）が刊行された後，リハビリテーション心理学においては，尺度に基づいた量的研究が主流になったものの，同書が，障害者へのインタビューや，障害者の伝記あるいは手記など，多くの質的データに基づいていることからすれば，同書は質的研究の名著でもある。ゴフマン（1963）における障害者に関するエピソードの多くは，同書から引用されている。ライトは，社会問題の解決を重視していたレヴィン（Lewin, 1951）の影響を強く受けている。

3. 障害者施策に関する住民会議のアクションリサーチ

　筆者は大学教員になってから自治体における障害者施策の審議会の委員をつとめ、なかでも2つの自治体の活動に対して、アクションリサーチとして関与している。組織研究で用いられるセンスメーキング理論（Weick, 1995）に依拠しつつ、地域福祉における3つのゴール（Ross, 1955）を語りという視点から検討した。それぞれ、設定した目標の達成度合い（タスクゴール）、メンバーが民主的にしかも積極的に活動に関わることができたか（プロセスゴール）、活動の目標を達成するための人的ネットワークができたか（リレーションシップゴール）である。

　1つ目は、大阪府八尾市における、障害者施策に関する住民会議である（田垣, 2013, 2017）。住民、行政職員、非行政の専門職が協働で地域の障害者問題をシェアするべく2002年度に設置され、現在も継続している。会議では、種類や程度が異なる障害者の経験の共有や連帯意識の醸成、障害者を含めた住民と行政職員との相互理解などが進んだ。この会議から、障害者に対する理解の促進のパンフレットの発行、災害時の対応マニュアル、放置自転車の減少の啓発キャンペーンといった具体的成果が派生的に生まれた。しかし、就労の促進など、同会議だけでは解決ができない課題が多いことも明らかになってきた。2つ目は、兵庫県の旧豊岡市の住民会議であり（田垣, 2013）、その目的は八尾市と同様であり、2003年度から発足したものの、同市が周辺の自治体と合併するにともなって、2006年度に終了した[1]。同会議は、メンバー間の役割分担が曖昧だったことや、会議の目的が共有されていなかったこともあり、コミュニティFMによる障害者福祉に関する情報発信を除いて、具体的成果をあげられなかった。だが、2007年度以降の新豊岡市においては、障害者障害者施策の整備において、障害者や家族へのグループインタビュー、障害の種類や程度が異なる者を交えた住民会議が、その目的や運営を明確にしたうえで、数年おきに開

　1　住民会議に関する評価的な記述は、各自治体の見解ではなく、筆者の考察に基づいている。旧豊岡市とは、2005年3月まで存在した「豊岡市」のことである。新豊岡市とは、旧豊岡市が周辺の5つの町と新設合併して同年4月から発足した「豊岡市」である。正式名称は双方とも「豊岡市」だが、わかりやすくするために、「旧豊岡市」あるいは「新豊岡市」と表記した。

催されていることから（豊岡市，2016），旧豊岡市の住民会議は先駆的な事業として意義があったとも考察できる。

中途肢体障害者のライフストーリーと住民会議のアクションリサーチには，障害者をはじめとした人々の語りに注目しているという共通点を持っている。ワイク（Weick, 1995）は，ブルーナー（Bruner, 1986）の語りの理論から影響を受けており，センスメーキングとは，集団や組織に属する人々が，経験している事象に対して回顧的に意味を付与するプロセスのこととしている。センスメーキングは，過去の出来事に関する解釈と異なり，能動的に意味をつくりだし，回顧する時点より未来の方針をもつくりだすという意味ももっている。実際に行った判断や意志決定といったディシジョンメーキングも，上記のように回顧的に意味が付与されるという点において，センスメーキングの産物といえる。また，旧豊岡市の住民会議の再評価は，社会実践の時間的区分とそれへの意味づけが一体的であることを示している。すなわち，住民会議を含めた同市の障害者施策の連続性をどのように同定するかによって意味づけが変わってくるのである。

筆者は，住民を対象にしたグループインタビューや，ワークショップ会議における意見集約など，障害者施策における質的研究の実施方法を，いくつかの行政機関に助言をしている。

4. 東アジア地域における障害者の質的研究

(1) 東アジアにおいて共有できる価値—障害者としてのアイデンティティと障害者の世代継承性—

生涯発達やライフコース研究でいう標準的出来事，結婚，出産，入学，卒業，仕事，離婚，親との死別といった一般的に重要とされる出来事の経験の有無や，経験の時期が，障害者においては健常者と異なることがある。たとえば卒業や就職が健常者と時期的に大きく異なり，このズレを悩むこともあるだろう。健常者にとっては重要でない出来事，非標準的出来事が重要である可能性もある。このような出来事を検討することは，東アジアの質的研究の課題といえる。

田垣（Tagaki, 2016）によれば，日本，韓国，中国といった東アジアにおけ

る障害者心理学は，家族や地縁といった共同体における，集団主義や調和の重視という価値規範に対する障害者の適応過程とその葛藤を論じている。確かに，このような共同体の多くは健常者によって構成されており，障害者は不利益を受けることもあるだろう。たとえば，三毛（2007）は，肢体障害者が母親との軋轢をへて，母親から離れていこうとする過程を重視している。

筆者は，障害者が障害を常にスティグマと見なしたり，このような共同体に受動的に適応したりしているという前提に立つことには慎重であるべきと考えている。障害者は自らの経験を健常者に積極的に提示したり，自分以外の障害者のエンパワメントに貢献したりすることもある。たとえば，筆者による中途肢体障害者のライフストーリーの研究において，ある協力者は交通事故で受障した後，受障自体の衝撃に加えて，家族を経済的に支えることに対する不安と，後に仕事を再開し家族と生活ができるようになったことを評価しつつも，職場での待遇が悪いことや身体機能の制約を語った（田垣, 2007, 2014）。

この協力者は，受障から時間が長くなるにつれて，同種の障害者のみならず，他の障害者との交流が，障害者に関する考え方の拡大につながったこと，自分の経験を患者団体の会報に寄稿したり，居住している地域の団体の役員をしたりして，障害者の実像を周囲の人々に伝えるようにしていることを語った。

また別の協力者は，障害者が何でも独力でできるという誤解を与えないようにするために，介助をあえて受けるようにしていた。彼は，「電車に乗る場合にはどう（介助）するとか（をアピールできる）。全部一から十まで（自分独りで）やると，『車いす（の人）だけど，何でも（自分で）できる』と（障害者には介助が不要と思われるので，無理をせず介助を頼む）」と語った。

自らの経験を活用することは，障害者としての連帯意識の現れに加えて，高齢期に入りかけた障害者の世代継承性という意味合いもあるといえる。世代継承性とは，高齢期の人々が，広い意味での次世代を育んでいくことである。障害者団体のリーダーが自分の後任を育てていくことも想定される。エリクソン（Erikson, 1959）に厳密に依拠すれば，世代継承性は高齢期のみに現れる事象ではないものの，我が国において身体障害者の高齢化が進んでいることと，高齢者を敬う文化が相対的に強い東アジアの文化（Kim-Rupnow, 2001）からして，今後の研究のキーになると思われる。

(2) 障害者施策—障害者手帳—

　ブロンフェンブレンナー（Bronfenbrenner, 1979）は，人間の発達過程の研究において，施策面をみることの重要性を指摘している。これは，本稿との関連でいえば，障害者の心理が文化に加えて社会福祉制度にも関係していると思われる。つまり，東アジアにおける各国の障害者福祉制度にも留意することを示唆している。各国の制度の善し悪しを論じるのみならず，その特徴に留意することが求められる。たとえば，日本の特徴の1つとして障害者手帳制度がある。これは，世界的に普遍的なものではなく，ドイツ，フランス，韓国など一部の国に限られている。日本の障害者手帳は，障害者の社会生活全般におけるサービスや便宜の提供の可否の根拠になっているばかりか，身分証明書としての機能を持っており，その社会的効力は非常に大きいと思われる。障害者手帳の取得が，健常者においては非標準的出来事であるが，障害者においては極めて重要な経験になっている（田垣，2007）。

　筆者が知る限り，障害者手帳の取得と障害の意味付けに関する詳しい研究はないものの，筆者の中途肢体障害者（田垣，2007），および軽度障害者の研究（田垣，2006; 秋風，2013）を総括すれば，少なくとも，申請拒否，手帳制度を知らない，暫定的取得，積極的取得活用という4区分が可能である。この分類の背景には，障害者に対するスティグマと，上述した障害者手帳の社会的効力の活用を考慮できる。

　申請拒否は，「障害者」というレッテルやスティグマをはられることを避けるために，医療や福祉の専門職からの勧めにもかかわらず，障害者手帳を取得しないとことである。公的な統計上において，日本の障害者の全人口に対する割合が先進国のなかで低いといわれる背景に，障害者手帳の未申請に関するこのような事情があると思われる。

　障害者手帳を知らないというのは，中軽度の障害者で，医療や福祉機関にアクセスしなかった，もしくは利用する必要がそれほどなかった場合のことである。しかしながら，そのような障害者であっても，障害者の知人から知らされて障害者手帳の取得を申請することもありうる。

　暫定的取得は，障害がいつかは治るという希望を前提に，障害者福祉上のサービスを受ける手段として，手帳を申請することである。あくまでも一時的な

障害者手帳の所持とすることで，障害に対する否定的な意味づけを減少させることができる。積極的取得とは，スティグマを考慮しないか，あるいは，サービス取得の手段として早期に入手しようとするケースである。

　障害者手帳の取得は公的な障害者としての承認を意味する。障害者本人が，これによって，自分の障害は公的に認定されるほどの程度に達しており，生活上の諸困難の理由を帰属させられるようになるという安心感を持つこともある。たとえば，上肢に麻痺をもつ人が，職場で事務作業の効率が悪いことについて，周囲から「勤務態度が悪い」「怠けている」といった評価を受けていた場合を想定してみる。この場合，障害者手帳の取得によって，障害者というレッテルをおうリスクは生じるものの，事務作業の問題がある程度障害に帰属され，手帳の取得前ほどの否定的な態度をとられないだろう。このようにみれば，障害者にとって，障害者手帳の取得は必ずしもレッテルになるとは限らない。

(3) 各国における地域間格差

　どの国においても，障害者の生活状況や，就労支援といった障害者施策に関する地域間の違いが存在する。とくに国土の広い中国では，その違いが顕著と思われる。中国の障害者の就労率は，我が国と同じく，健常者よりも低くなっている。一方，中国の特徴として，農村部の障害者の就労率のほうが，都市部よりも高い（小林，2012）ことをあげられる。この背景には，中国の障害者の多くが農村部に居住して，農林水産業に従事していることがある。中国の産業構造が沿海部と内陸部において大きく異なることが影響しているだろう。

　東アジアと一言にいっても，国土の広い中国と，日本や韓国とを並列的に論じることには慎重であるべきだろう。また，このような手法をとる場合，障害者施策が整備されているか否かのみを議論するべきではないだろう。

5. まとめ―東アジアの質的研究の緩やかなネットワーク―

　最後に，東アジア諸国間の質的研究の緩やかなつながりをつくり，数年ごとの総会開催とジャーナル刊行を提起したい。日本心理学会や日本社会福祉学会と韓国のそれぞれに対応する学会と関係にみられるように，日本では分野ごと

の東アジア諸国との交流は盛んになりつつある．だが，質的研究に絞り込む場合，学問分野を超えて，各国独自の知見の共有をしたほうがよいと思われる．筆者が欧米のジャーナルに論文投稿をした際，編集者は日本で用いられるKJ法（川喜田，1967）を，なじみがないないばかりか，不適切な分析手法と見なしたこともあった．この経験もあり，東アジア発の質的研究を蓄積そして発信することが重要であると考えるようになった．上記のように東アジア内にはさまざまな違いが存在するにしても，相通じるところに力点をおいたほうがネットワーク化には有益だろう．

引用文献

秋風千惠（2013）．軽度障害の社会学―異化＆統合をめざして―　ハーベスト社

Bronfenbrenner, U. (1979). *The ecology of human development: Experiments by nature and design.* Cambridge, MA: Harvard University Press.（磯貝芳郎・福富 譲（訳）(1996)．人間発達の生態学（エコロジー）―発達心理学への挑戦―　川島書店）

Bruner, J. S. (1986). *Actual minds, possible worlds.* Cambridge, MA: Harvard University Press.

Elder, H. Jr. & Janet, Z. (1998). *Methods of life course research: Qualitative and quantitative approaches.* Sage.（正岡寛司・藤見純子（訳）(2003)．ライフコース研究の方法　明石書店）

Erikson, E. H. (1959). *Identity and the life cycle: Selected papers.* New York: International Universities Press.（西平 直・中島由恵（訳）(2011)．アイデンティティとライフサイクル　誠信書房）

Goffman, E. (1963). *Stigma: Notes on the management of spoiled identity.* Englewood Cliffs, NJ: Prentice-Hall.

小林昌之（2012）．中国の障害者雇用法制　小林昌之（編）アジアの障害者雇用法制―差別禁止と雇用促進―（pp. 55-79）　アジア経済研究所

川喜田二郎（1967）．発想法　中央公論社

Kim-Rupnow, W. S. (2001). *An introduction to Korean culture for rehabilitation service providers.* (J. Stone, Series Ed.) The rehabilitation provider's guide to cultures of the foreign-born. New York: Center for International Rehabilitation Research Information and Exchange. Retrieved from http://cirrie.buffalo.edu/culture/monographs/korea/ (November, 16, 2015.)

Lewin, K. (1951). Field theory and experiment social psychology. In D. Cartwright (Ed.), *Field theory in social science: Selected theoretical papers.* New York: Harper & Row.

三毛美予子（2007）．母との闘い―親と暮らしていたある脳性麻痺者がひとり暮らしとしての自立生活を実現する過程―　社会福祉学, 47 (4), 98-110.

内閣府（2017）．平成29年度版障害者白書 Retrieved from http://www8.cao.go.jp/shougai/whitepaper/h29hakusho/zenbun/index-pdf.html

Ross, M. G. (1955). *Community organization: Theory and principles.* Harper & Brothers.（岡村重夫（訳）(1963)．コミュニティ・オーガニゼーション―理論と実際―　全国社会福祉協議会）

Scott, R. (1969). *The making of blind men: A study of socialization.* New York: Russell Sage Foundation.（三橋 修（1992）．盲人はつくられる―大人の社会化の一研究―　東信堂）

田垣正晋（2006）．障害・病いと「ふつう」のはざまで―軽度障害者，どっちつかずのジレンマを語る―　明石書店

田垣正晋（2007）．中途肢体障害者における「障害の意味」の生涯発達的変化―脊髄損傷者が語るライフストーリーから―　ナカニシヤ出版

田垣正晋（2013）．障害や福祉の場におけるアクションリサーチ　やまだようこ・麻生 武・サトウタツヤ・

秋田喜代美・能智正博・矢守克也（編著）　質的心理学ハンドブック（pp. 400-416）　新曜社
田垣正晋（2014）．脊髄損傷者のライフストーリーから見る中途肢体障害者の障害の意味の長期的変化―両価的視点からの検討―　発達心理学研究, 25, 172-182.
田垣正晋（2017）．先進事例の追跡調査から見る障害者施策推進に関する住民会議の変容　実験社会心理学研究, 56, 97-111
Tagaki, M. (2016). Research development from acceptance to the meaning of acquired disability in people with impaired mobility in Japan. *Japanese Psychological Research*. Retrieved from http://onlinelibrary.wiley.com/doi/10.1002/jpr.2016.58.issue-s1/issuetoc
豊岡市（2016）豊岡市ホームページ（障害者福祉）　Retrieved from http://www.city.toyooka.lg.jp/www/genre/0000000000000/1000000000652/index.html（2016/11/18 アクセス）
Weick, K. S. (1995). *Sensemaking in organizations*. Thousand Oaks, CA: Sage.（遠田雄志・西本直人（訳）(2001)．センスメーキング イン オーガニゼーションズ　文眞堂）
Wright, B. A. (1960). *Physical disability: A psychological approach*. New York: Harper & Row.
Wright, B. A. (1983). *Physical disability: A psychosocial approach*. New York: Harper & Row.

アクションリサーチからみる援助の在り方

李 専昕（LEE Fuhsing）

　大学生の頃，田垣先生は，社会が求めている障害者と健常者の共生状態が，理想論にすぎないことを実感し，健常者の障害者への「援助」の在り方から離れて，障害者の実像を判明したいという研究意識が目覚めた。この研究意識を継続的に抱え，田垣先生は大学生から教員になり，約20年間の時間と精力を注ぎ，障害者の研究をし続けている。まずはこのように20年間にわたり当初の研究意識を貫いて研究をやり遂げること自体に敬意を払いたい。文章から，田垣先生の研究への熱意を感じた。読むにつれワクワク感があふれた。次に，私の研究および母国である台湾の事情と照らし合わせ，以下の3点でコメントさせていただきたい。

1. アクションリサーチのアプローチ

　田垣先生の障害者の研究スタンスはアクションリサーチである。私自身も，アクションリサーチのアプローチで，日本および台湾で，災害復興および防災に関する質的研究を行っている。具体的には，地域の住民が災害により失った主体性を取り戻すプロセスについて研究してきた。

　アクションリサーチとは一体何なのか。その定義について，杉万（2007）は「通常アクションリサーチという言葉が用いられるのは，研究者が，ある集合体や社会のベターメント（改善，改革）に直結した研究活動を，自覚的に行っている場合」と述べている。しかし，私は今でも，以上の定義の「ベターメント」に対して，たくさんの疑問を抱えている。「ベターメント」の主体は研究者なのか，当事者なのか，そしてどのような状態が「ベターメント」なのか。その答えはなかなか見つからない。

　本章を読みながら，田垣先生はこの20年の間に，私と同じ疑問を感じたことはあるのだろうか，答えはもう見つかったのだろうかと考えていた。これは私の勝手な推測だが，20年，そして今後も障害者の研究を継続するとしたら，ある時点で答えが出たとしても，次の瞬間，また変化するのかもしれない。なぜこう推測できるかを説明すると，本章の多くの事例は，「ベターメント」の達成と未達成が同時に現れるからである。たとえば，大阪府八尾市の障害者施策に関する住民会議では，パンフレットの発行，災害時の対応マニュアル，放置自転車の減少の啓発キャンペーンといった具体的成果が生まれたが，就労の促進は解決ができない。兵庫県の豊岡市の事例も同じように，達成できたこともあれば，達成できない課題も残っている。また，田垣先生の研究協力者（研究対象）の障害に対する肯定的受容と否定的受容，障害者手帳の取得の光と影などの事例は，十全な「ベターメント」に達したとは言えない。田垣先生の研究，およびアクションリサーチの「ベターメント」は，不変の状態を維持するのではなく，さまざまな主体が実践を通じて，変化し

続ける時空間との交錯によって，多様な課題と戦うプロセスといえるのではないだろうか。

2. 支援／援助のバランス

本章において私が最も印象に残った言葉は，冒頭で紹介した研究意識である。

「このような環境にいたので，むしろ，『援助』から離れて，障害者の実像をもっと冷静にみる必要があると思っていた」

これまでの「援助」の在り方に関する議論は，主に健常者はどのように障害者を援助できるのかというものであり，福祉，看護，医療…などさまざまな分野と切り離せないというものであった。田垣先生の言葉は，一見，健常者と障害者を切り離す研究を行うイメージを読者に与えるかもしれない。しかし，アクションリサーチの視点からみると，田垣先生の研究は，むしろ健常者と障害者の距離をなくすための「援助」のアプローチであるのではないかと感じた。

被災地も，社会がどのように被災者を「援助」するべきかという議論であふれている。「援助」には，2つの方向性がある。1つ目は，援助者が「被災者のために」の立場から活動することである。たとえば，ボランティアあるいは社会が無条件に被災地に物資・お金を奉仕する。しかし，多くの被災者にとって，これは「ありがたい」ことである。一方で，「援助」を受けないといけない立場からすれば，「つらい」という話もよく聞こえてくる。また，被災者が自立できずに，援助者に依存してしまう事態が生じうる。この点は，田垣先生が感じた健常者から障害者への一方的な「援助」に対する違和感と共通していると考えられる。2つ目の「援助」の在り方は，被災者の声に耳を傾け，長期的に「寄り添う」ことである。田垣先生は研究者として，障害者のライフストーリーの研究および住民会議などの質的研究は，こちらの「寄り添う」のアプローチに近いと感じた。このアプローチの大事なところは，当事者と外部者という二分法で両者を切り離すのではなく，対話を通じて，当事者と外部者が「共に」実践する関係性を構築する。そこから，当事者は主体的に復興の取り組みを行っていく。

3. 東アジアのネットワークの構築

東アジア地域に関する障害者の研究は私にとって大変興味深かった。ここで，台湾の聴覚障害支援学校の教員だった母から聞いたエピソードを紹介する。台湾の手話と日本の手話とは半分以上共通しているらしい。そのため，母の学校が日本の聴覚障害者を訪問した際に，台湾人と日本人のろう者同士の交流は，健常者同士の交流より，はるかに盛り上がった。また，ろう者が健常者に通訳してあげる場面もあった。言いかえれば，聴覚障害者は障害があるからこそ，言語の壁を越えられ，自由に対話でき，健常者を「援助」する。障害者の可能性を，今後田垣先生が提起した東アジアの障害者の質的研究のネットワークの構築によって，さらに発見できるのではないかと，期待している。

杉万俊夫（2007）．質的方法の先鋭化とアクションリサーチ　心理学評論, 49, 551-561.

第3章
対話的ビジュアルエスノグラフィーへの模索
―暗黙的な保育者の専門性を描くことは可能か―

古賀松香

1. 質的研究と私

　「十分なことができない」「きちんと発達保障できてるんやろかって毎日思う」。子どもにも保護者にも信頼される1歳児の担任の若い先生は，給食後に子どもたちを寝かしつけながら私に言った。それは，保育という複雑な営みに真摯に向き合おうとする一人の保育者が，いい保育がしたいと願いつつもなかなか自分で納得のいく保育ができないという，苦しい心の吐露のように聞こえた。

　毎朝，保育室の外まで泣き声が響き渡る1歳児のクラス。保育者は両腕に子どもを抱えているが，次々と子どもは登園してくる。両腕の子を「ちょっと待っててね」と腕からおろし，新たに登園してきた子どもを抱きかかえ「行ってらっしゃい」と親を送り出す。当然両脇の子どもたちは再び泣き出す。そんな中でも保育者は，一人ひとりの今朝の表情や遊びの好みや手先の器用さ，身体と言葉の発達を捉えながら，今日のこの子にふさわしい関わりを瞬時に判断し，目の前で遊んでみせながら誘っていく。こんなにも丁寧に関わろうとする保育者が「十分なことができない」とつぶやく心の痛みに，私は突き動かされた。その心の吐露のインパクトは，私を「そこで何が起こっているのか」だけでなく，「そこで起こったことにどのように向き合おうとしているから苦しいのか」ということに向かわせた。それは，1歳児を集団で保育するという，ある種独特の生活にある質感やごちゃごちゃと絡まり合うプロセスの実態と，その中で生き抜く保育者の専門性を捉えたいという研究動機となった。

　しかし，その質感やプロセスをどう捉えるかは難題であった。質的研究を手

法とした方がよいだろうとは思われたが，その詳細な方法は未確定なまま，私は1歳児保育の混沌とした大海原にこぎ出していった。

2. 1歳児保育の難しさとは何か

　その頃，1歳児保育の研究では，保育室の遊びのコーナーや配置を変えると子どもたちの動きと遊びの質が変わること（村上，2009）や，子どもの動きや保育の活動に必要な面積を計算し割り出した研究（全国社会福祉協議会，2009）など，環境や空間に関する研究は新たに取り組まれていた。また，早期退職の多さに関連して，保育者の悩みと成長についての研究もみられるようになっていたが（たとえば山川，2009），とくに乳児保育において保育者はどのような困難を抱えつつ，どのような専門的な知を駆使して子どもたちとの日々を生き抜いているのかといったことは取り上げられていなかった。

　私は1歳児を担当する保育者に話を聞いてまわった。その中で1歳児保育の特徴が浮かび上がってきた。歩行開始，言葉や自我の発達，排泄のトレーニング，離乳食から幼児食への移行等，めまぐるしい子どもの発達へ対応するため専門的知識が必要とされる保育内容や，一人ひとりの発達差が大きい上，かみつきなどのトラブルも多く，個別援助の必要性が高い現実に対して，保育士1人に子ども6人という人数配置が難しさを生んでいた。それに対して保育者は，1歳児の時の関わりがその後の発達に大きく影響すると考え，信頼関係の構築や発達を見通した丁寧な援助を重視し，時間・空間・人的配置などの構造上の工夫を重ねていた。それらの工夫によって効果が感じられる側面がある一方，絶対的な人数不足という保育者不足が強く感じられており，丁寧な関わりを目指しながらもその実現が難しいことで「自らの保育実践が不十分である」という保育不全感が多く語られた。このような保育者の語りから，1歳児保育の難しさとは，1歳児保育の特質を踏まえた保育者の丁寧な援助の重視と構造上の実現困難との間に生じるジレンマと捉えられたのである（古賀，2011）。

3. 難しさを越えようとする知のありようを捉えたい

　「十分な保育ができない」と実践の現実に悩みつつ，それでも「この子たちに十分なことがしたい」と日々笑顔で向かう保育者の専門性に，私はますます関心を抱くようになった。しかしそれと同時に，インタビューという方法に限界も感じていた。保育とは身体的な営みを多く含んでいる。ある子どもの泣きを聞き，どのようなニーズを感じ，その泣きにふさわしいと思われる援助をどう構成するかは，個々の保育者がその瞬間，暗黙的に判断している。その多くは保育者自身によって明確に認識されておらず，言語化されない。後から援助の根拠を尋ねたところで，保育者にとっては一連の流れである一日の中から，ある一場面の身体的記憶を取りだすことが難しく，「うーん，まぁよう泣いてたからねぇ……」という漠然とした語りになりやすい。「どんな泣きだと感じたのですか？」などとしつこく聞いてみても，よほど印象的で記憶に残る一場面でなければ，「どうだったっけ？」となってしまう。

　こういった認識下に置かれていない知のことを，ポランニー（Polanyi, 1966）は暗黙知とよんでいるが，人間の社会的実践における暗黙知を内包した複雑な判断やその熟達は，実践知研究の領域で扱われてきた（たとえば楠見，2012）。保育領域においても近年「実践知」という用語が研究上みられるようになってきたが（たとえば砂上ら, 2009），保育者が自ら言語化できるレベルの知のみが扱われている。もちろん研究においては言語化が必要であり，直感的で暗黙的，言語化されない部分を多く含む実践知（Schön, 1991）を部分的に検討せざるを得ない。つまり，実践知研究はその限界の中で言語化するということから逃れられない性質をもっている。ヴァン＝マーネン（van Manen, 1990）は「言語は社会的なものであるがゆえに，内的な経験に備わる本質的に独自的で個人的な質は言語の範囲を超えている」としながら，「しかし，書くことで身体化しているものを脱身体化し，自分が知っているものを知るようになる」と述べる。これは記述のみに限ったことではなく，語り等を含めた言語化も同様であろう。

　砂上ら（2009）は保育者の実践知問題に対し，他園の実践映像を視聴しそれに対する語りを分析していく多声的ビジュアルエスノグラフィー（Tobin, 1988）という方法を採用した。この方法は，映像との比較から浮かび上がる自

園や自らの実践の特徴が脱身体化されるという特徴を持つ。そこで語られる内容は，たとえば「うちの園では」という比較による大まかな捉えや，「私だったら」という仮定に対する想定として語られる。

しかし，私が知りたいのは「この子たちに十分なことがしたい」と願う保育者の専門性である。それを知るには，実際の保育場面で個別具体的なニーズをどう読み取り，どのような具体的な実践行為を実現するのか，というところを取りだす必要があると思われた。保育者は，一人ひとりの生活や遊びの様子から具体的なその子に対する知を積み重ねていると考えられ，それは他園との比較で浮かび上がるものとは異なる性質をもつと推論されたからだ。

そこで私は，保育者自身の実践を映像で記録し，その日のうちにその映像をみながらインタビューするという方法で研究を進めることにした。インタビューでは，その日の保育で印象的だった場面や気になった場面について，保育者と私が「あのときのあれはなんだったのか」と共に映像を見返しながら，互いの見方を語り合うようにした。そうすることで，インタビューの時間が保育者にとって明日の保育へ生かす省察の時間となるように心がけた。また，観察者として私がその園やクラスの保育と子どもたちをより理解するために，一年間同じクラスの保育者と対話することを継続した。ここではこの方法を「対話的ビジュアルエスノグラフィー」と呼んでみることにする。

4. 対話的ビジュアルエスノグラフィーの実際

それでは，実際の対話的ビジュアルエスノグラフィーがどのように進められ，何が浮かび上がってくるのかみてみよう。ここで例に挙げるのは育児担当制を採用しているある園の1歳児クラスと保育者である。育児担当制とは，食事・排泄・衣服の着脱といった生活部分を担当保育士が行うようにする保育方法のことで，子どもにとっては生活部分をいつも同じ大人から援助されることで愛着関係が築きやすいとされている（コダーイ芸術教育研究所，2006）。この園では生活面では育児担当制で援助し，遊び面ではクラスの子ども全体に関わる保育方法を採用している。なお，事例中の個人名は全て仮名である。

〈X年6月3日に観察されたエピソードの背景〉

　給食前の保育室。この保育室は元々狭かったが，給食前には保育室の一部が一時的に食事スペースに変わり，遊びのスペースがさらに3分の1程度狭くなる。またクラス担任は3名いるが，保育者の1人は給食の準備に入り，さらにもう1人は順番で排泄の介助に入るので，遊びスペースには保育者1人となる。子どもたちは外遊びから帰ってきて担当保育者と共にトイレへ行く子どもと，遊びスペースで遊ぶ子どもに分かれるが，排泄を終えると順に遊びスペースへと入っていく。この場面は担当児の排泄介助を終えた黒川（クラスリーダー保育者，経験年数16年）が，遊びスペースの中のままごとコーナーに入り，次々と起こるトラブルに対応しながら遊びを展開させていく場面である。

〈観察エピソード〉

　黒川が排泄介助を行っている間，ままごとコーナーではチェーンリングをスプーンですくって遊んでいたサクラのお皿から，タケオとツバサがチェーンリングを取って下にすべて落としてしまい，2人はカーテンに隠れて遊び出す。ままごとコーナーでサクラは呆然としている。

　<u>黒川，たんすの前で眠そうにぐずっていた一番月齢の低いヒメカ</u> (A) を抱いて，ままごとコーナーへ。黒川「何つくってるんだろう，ここ。ヒメちゃんもする？おんぶする？さっちゃん（人形の名前）。さっちゃんおるかなあ」と言い，ままごとコーナーにヒメカを立たせて座る。マドカはイスをキッチンに動かして何やら遊んでいる。サクラはテーブルに突っ伏した状態。黒川「さっちゃんってどの子？」とヒメカの方を向いて聞き，「さっちゃんにご飯たべさそか」と顔をサクラの方に向けて言う。サクラはパッと黒川の方を向き「うん」と言い，人形の方を振り向く。黒川「ね」と相槌を打つ。ヒメカは「うーん」と不機嫌そうにぐずり，黒川の膝のあたりに腰を下ろそうとしたので，黒川はヒメカの腰を支え，膝に座らせる。サクラは人形をキッチンのイスに「あい」と言って寝かせるように置く。黒川は「あら，はなちゃん（人形の名前）」と言い，人形をイスに座らせるが，そのうちまた人形は倒れてしまう。サクラは倒れた人形にお茶を飲ませようとする。黒川「お茶飲ますん？　ほんだらこう座らそう。座らしてー」と言って，人形を再び座らせ，回りを見回す。ツバサ

は人形に自分の持っていた車の絵のボードを見せ，「バス，バス」という。黒川，膝の上に座ったまま静かにしているヒメカに「ヒメちゃんも連れてくる？」と人形のベッドの方を指さす。「るいちゃん（人形の名前）にする？」とヒメカの顔をみているが答えない。黒川の背後でタケオが棚の上にあったまな板を床に下ろし，棚の上に登る。（中略）黒川はお玉をナツミから受けとり，棚の方をみると，タケオが再び棚に足をかけて登ろうとしている。(B) 登ろうとしているタケオをみながらパッとお玉を棚の下のかごに入れ，タケオの手を持ち，黒川「タケちゃんおりる。ないよー。ここは上がるとこ違うね。違う。違うよ」と少しずつ口調を厳しくして，最後はじっと厳しい表情でタケオをみる。タケオは座り込むようにしてじっとする。タケオはパッと手を離しながら立ち上がり，怒ったように「たーっ」というが，黒川「ううん，違うよー。ここはあがりません」と言い切るような口調で言うと，タケオがバン！と棚の上を叩く。黒川は少し身体を棚の方にずらして座り直し，黒川「さ，ここはねぇ，トントントントーンって切ろうか。お料理しようか。ねえ。」とタケオの顔を覗き込むようにみて言う。黒川「トントントントーンって」というと，ナツミが寄ってきて，(C) タケオは包丁で切るように手を縦に動かしている。ナツミとタケオの間にカリンが割って入るように来る。(C) 黒川「包丁いりますかー」と言いながら，下の棚から包丁を出す。ナツミが「ほうちょ？」と言うと，黒川「包丁で一何切ろうかなー」と言う。すると「きゅーり」とナツミが言う。

「タケちゃんおりる。ないよー」

〈この場面のビデオ映像をみながらの語り〉

　黒川　そう，そうや（笑）。ヒメカちゃんも起こしとかないかんし（下線A），タケオちゃんが（棚に）上がるんも阻止せな（下線B），でも（他の子が次々）ままごともしにきたし（下線C），みたいななんかちょっと，ぐちゃぐちゃに。

（中略）

　私　そのあとに（黒川）先生がこう，まな板を持ちだして，「ここはこういう風に使うんよー」って。したらみんながどわーっとまた。

黒川　そう，寄ってきたんよねぇ。
私　　おままごとに寄ってきましたよね。
黒川　でなんか後ろでもなんか（笑）起こって（笑）
（視聴中のビデオ映像から子どもの怒ったような声が響く）
私　　うんうん（笑）
黒川　（笑）うん。やっぱり。増えてくると，うん，人口密度が増えてくると，かなり，忙しくなる言うか大人の，こう，うん。きょろきょろしないと，いつどこで何があると。
私　　じゃあ私からみてたら，あの，ここはちゃんとこういう風に使う場所だからっていう風に伝えることで，まあそういう使い方が，子どもたちが集まってきて，そうなったっていう場面かなと思ったんですけど，
黒川　ああ，ああ。
私　　（黒川）先生としてはぐちゃぐちゃな感じ（笑）だったんですか。
黒川　私としては，そうですね，ちょっと（笑）<u>ぐちゃぐちゃな感じ</u>というか。ちょっとヒメカちゃん抱きながらだったんで，<u>なんかこう中途半端に</u>，遊んであげるのも，まあ，ねえ，ちょっと興味もって寄ってきて，<u>もうちょっと，遊んではあげたかったんですけど</u>，ちょっと，うん，いろいろ，なんか後ろでも声がしたり，（笑）してたんで。

　インタビューで語られたのは，"ヒメカを起こしておく"，"タケオが棚に上がるのを阻止する"，"ままごとに興味をもって寄ってきた子と共に遊ぶ"，"その他のトラブルを防ぐ"といったことが，同時にぐちゃぐちゃと進行していたという感覚である。しかし実践の意図の詳細を検討すると，「ヒメカちゃんも起こしとかないかん」という語りにはさらに細かな事情を背景に持っている。ヒメカは月齢も低く早朝保育から登園するので給食前に眠くなりやすい。歩行が確立されておらず眠くなりぐずり出すと保育者は抱っこするが，なるべく給食を食べてから午睡させたいので，無理のないようにつかまり立ちの体勢を取らせたり遊びに誘いかけたりしている。その後，またぐずりだして座ろうとするヒメカの動きにも対応する。「タケオちゃんが上がるんも阻止せな」には，棚に登る行為は危険なので止めなければならないが，タケオは性格的に短気なので，注意する場面を長引かせないようにすることも個別の配慮として含まれている。それと同時に，場所や物の使い方を端的に伝えて遊びに誘うことで，危険な行為を繰り返さないようにしている。このように保育者の細かな行為の一つひと

つには意図が含まれていると考えられた。

　これらのことは継続的に調査する中で蓄積された保育者の語りから，観察者が解釈した内容である。本来ならばその一つ一つをインタビューで尋ねるべきなのかもしれない。それまでに積み重ねられたその子どもの持つ特徴や援助したときの感触といったある一人の子どもに対する経験知と，子どもの遊びに対する適切な援助のイメージといった保育行為に関する経験知，そして時間的・空間的条件等と保育の展開についての経験知が，子ども一人ひとりのちょっとした動きや表情という現在の動的状況の瞬間的解釈と保育行為を支えていると考えられる。しかし，それらの一つ一つの細かな援助行為の意図を，相手を時間的に拘束するインタビューという手法ですべて確認するのは，時間的にもインタビュアーの技量的にも不可能であった。そこで，保育者には観察者の解釈を記述により提示して齟齬の有無を確認するようにした（表3-1）。

　このように，対話的ビジュアルエスノグラフィーは，観察と，観察の映像記録を刺激とした実践者と観察者の対話，その後の観察者の解釈の提示を刺激として実践者の意図の細部を確認するという，エスノグラフィックなプロセスを踏む。とくに実践を振り返る対話に対象者の実践映像をビジュアル刺激として用いることで，検討が難しいといわれてきた実践知に迫ることができる。本事例では，刻一刻と変化する状況の中，個別具体的なニーズの読み取りとそれにふさわしい実践を繰り出す動的な専門知が明らかになり，また個別具体的なニーズが複数同時に生起した状況において，その一つひとつに十分なことができないという不全感（二重線部）が感じられている実態が浮かび上がった。

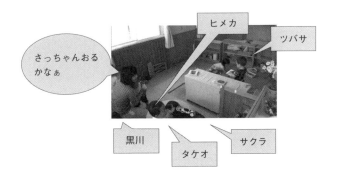

表3-1 観察者の解釈の提示（抜粋）

子どもの様子	黒川の言動	保育行為についての観察者の解釈
マドカはイスをキッチンに動かして何やら遊んでいる。サクラはロンディ（玩具）を持ってテーブルに突っ伏した状態。	黒川，たんすの前でぐずっていたヒメカを抱いて，ままごとコーナーへ。黒川「何つくってるんだろう，ここ。ヒメちゃんもする？ おんぶする？ さっちゃん（人形の名前）おんぶする？ さっちゃん。さっちゃんおるかなあ」と言い，ままごとコーナーにヒメカを立たせて座る。	・眠いヒメカを給食前に寝かせないようにすることで生活をスムーズにする。 ・保育者がおらず，子どもたちが複数名いる場所を選び，遊びを援助することで，保育室全体の遊びを展開しやすくする。 ・ヒメカの興味のもてそうな遊びを探り，遊ぶことで目が覚めるようにする。 ・立たせて目が覚めるようにする。
サクラはパッと黒川の方を向き「うん」と言い，お人形の方を振り向く。ヒメカ「うーん」とぐずり，黒川の膝に座る。（後略）	黒川「さっちゃんってどの子？」とヒメカの方を向いて聞き，「さっちゃんにご飯たべさそか」と顔をサクラの方に向けて言う。 黒川「ね」と相槌を打つ。 黒川，ヒメカの腰を支えて，膝に座らせる。 （後略）	・遊びへとヒメカの意識を向け，目が覚めるようにする。 ・遊んでいないサクラにイメージを伝えることで，遊びだせるようにする。 ・無理に立たせず，安心していられるようにする。 （後略）

5．おわりに

　ホルスタインとグブリアム（Holstein & Gubrium, 1995）は『アクティブ・インタビュー』という著書の中で，「アクティブなインタビュアーは背景知を頼りにすることで，調査をもっと生産的なものにすることができる。つまりそれによって，現地に固有の解釈的リソースや視点，それに現地の際だった特色を自分の調査に取り入れることができるようになる」と述べている。保育実践という複雑に入り組んだ動的な状況には，多くの文脈的な背景知がある。観察者側の経験知を取り込みながらインタビューを行うことで，時間的制約の中で実践者にとってのリアリティに迫ることが可能になる。対話的ビジュアルエスノグラフィーは，文脈的な背景を映像で共有し，対話的にその背景知を言語化し，調査に取り込んでいく点で，アクティブ・インタビューの一種と言える。観察・インタビュー・解釈の提示による対話という方法の折衷により対話的研究

プロセスの精緻化を目指しつつ，「十分なことができない」と葛藤しつつもその場に引きつけられ関わり続ける，保育実践の魅力に迫りたい。

引用文献

Holstein, J. A., & Gubrium J. F. (1995). *The active interview*. Sage.（山田富秋・兼子 一・倉石一郎・矢原隆行（訳）(2004). アクティヴ・インタビュー―相互行為としての社会調査― せりか書房）
コダーイ芸術教育研究所 (2006). 乳児保育の実際―子どもの人格と向き合って― 明治図書出版
古賀松香 (2011). 1歳児保育の難しさとは何か 保育学研究, *49* (3), 248-259.
楠見 孝 (2012). 実践知と熟達者とは 金井壽宏・楠見 孝（編） 実践知―エキスパートの知性―（pp.3-31）有斐閣
村上博文 (2009). 乳児保育の環境条件と子どもの変化―保育室の空間構成に関するアクションリサーチ（自由遊びの時間）― ベビーサイエンス, *9*, 46-63.
Polanyi, M. (1966). *The tacit dimension*. University of Chicago Press.（高橋勇夫（訳）(2003). 暗黙知の次元 筑摩書房）
Schön, D. A. (1983). *The reflective practitioner: How professionals think in action*. Basic Books.（柳沢昌一・三輪健二（監訳）(2007). 省察的実践とは何か―プロフェッショナルの行為と思考― 鳳書房）
砂上史子・秋田喜代美・増田時枝・箕輪潤子・安見克夫 (2009). 保育者の語りに見る実践知―「片付け場面」の映像に対する語りの内容分析― 保育学研究, *47* (2), 174-185.
Tobin, J. (1988). Visual anthropology and multivocal ethnography: A dialogical approach to Japanese preschool class size. *Dialectical Anthropology, 13* (2), 173-187.
van Manen, M. (1990). *Researching lived experience: Human science for an action sensitive pedagogy*. State University of New York Press.（村井尚子（訳）(2011). 生きられた経験の探究―人間科学がひらく感受性豊かな〈教育〉の世界― ゆみる出版）
山川ひとみ (2009). 新人保育者の1年目から2年目への専門性向上の検討―幼稚園での半構造化面接から― 保育学研究, *47* (1), 31-41.
全国社会福祉協議会 (2009). 機能面に着目した保育所の環境・空間に係る研究事業総合報告書 社会福祉法人全国社会福祉協議会

動的な実践知・専門知の言語描写への挑戦

呉　宣児（OH Sun Ah）

1．1歳児集団保育場面の質感ある描写

　「ああ，1歳児クラスの昼食直前のごちゃごちゃした状況が目に浮かぶな〜」，「黒川先生はよく個々の子どもや全体状況に合わせて対応しているな」，「私がそこに居たらそこまで気づいて対応できたかな〜（きっとできなかったと思う）」。古賀さんの観察エピソード記述を読みながらそう思った。たった数分間であろう保育場面の描写から，「1歳児の集団保育」の典型的な様子の一つとして読み取ることができると思った。7人の子どもが登場し各々の子どもの動きが重なる空間・場の中で，細かい動きや流れを一瞬で読み取り判断して対応していく保育者の様子が目に浮かぶようであった。

　古賀さんのエピソード記述から1歳児保育場面の質感が見事に伝わっていることには，まず，きっと年間を通して保育場面を観察し保育者と対話を続けていた古賀さん自身の「文脈知」が，空間・時間・人・物の布置や動きの描写へ結びついているからだろう。また，保育者へのインタビュー時間が保育者にとって明日の保育へ生かす省察の時間になるよう心がける古賀さん自身の「眼差し」が記述のスタイルを生み出すことにもつながっているだろう。

2．脱身体化の助力者

　古賀さんは，「いま・ここ」で関わり行っている1歳児の保育者の営みを把握しつつ，その「保育者が願う1歳児保育の専門性」に迫りたかった。そのために採用した方法は，①保育実践の様子を観察しつつ映像に記録し，②その映像を基にその日のうちに保育者へインタビューをしながら語り合い，③さらに，すべてをインタビューで聞けないので，古賀さんが解釈し記述した文を提示して確認をするという調査・分析のプロセスをとっている。骨の折れる作業であることがすぐに想像できる！「対話的」「ビジュアル」エスノグラフィーや「アクティブ」インタビューという表現にも納得がいく。

　この分析プロセスのなかでもっとも重要であったことは，保育者の動的な実践知に迫るための「脱身体化」作業であり，その作業は印象に残った場面や気になる場面に関する古賀さんの質問によってはじまったのだろう。保育場面の文脈知を共有している古賀さんが持つ印象や疑問に基づいて質問を投げかけているので，古賀さんは保育者が脱身体化をしていく上での強力な助力者として位置づけられるだろう。

　記録映像を用いて，保育者自身で行う脱身体化作業と観察者によって刻みを与えられる場合の脱身体化作業はどのように異なるだろうかと，ふと私の勝手な好奇心が走ってしまうが，もちろんこの研究の範囲を超えている。

　私もいろんな場面でインタビューをしてきた。たとえば，子ども時代の体験と関連す

る「原風景」に関するインタビューがあげられる（呉，2001）。原風景語りは，子ども時代の日常の体験を数十年過ぎてからでも特別化されたもの・こととして思い浮かべながら語られることが多いので，ある程度脱身体化された状態の語りであることに新たに気づく。

　古賀さんが保育場面について迫る調査として，単純なインタビューでは限界を感じた。今行っている毎日の保育場面を思い出して語ることは，日常的すぎる身体的営みなので，「あ，どうだったけ？」という答えになってしまうこともすぐ想像できる。インタビューしようとするとき，その内容が「脱身体化」されやすい事柄なのかどうかによって，インタビュアの質問や素材の重大さ，また，その語りの成り行きの方向が異なり得ることを改めて気づかされた。

3．1歳児集団保育の専門知と不全感

　この原稿を通して，「日本の（一部だとしても）」「1歳児集団保育」はどのような文脈のなかでどのように実践されているのかという「質感」が読者の私にはよく伝わったように思う。また，観察内容や映像記録を共有しながらのインタビュー・研究者による保育行為の解釈を提示することで保育者への確認を行う本研究の方法やその意義は，多くの質的研究をする人々に良いヒントを与えてくれるであろう。

　小さな違和感が一つ残っている。「もっと十分なことがしたい」と願う保育士の「不全感」は，常に持っているのか，その不全感は，その保育士にとってどのように作用しているのだろうか。これは，そもそもまた別の問いなのかもしれないが。

呉宣児（2001）．語りからみる原風景─心理学からのアプローチ─　萌文社

■韓　　国

第4章
語り合いからみる原風景の個人性と共同性

呉　宣児（OH Sun Ah）

1. 質的研究と私

　私は，韓国の済州島から留学のために来日し，修士課程ではお茶の水女子大の発達心理学研究室である無藤隆先生の研究室に所属していた。1993年のある授業で佐藤（1992）の『フィールドワーク―書を持って街へ出よう―』が取り上げられたことがある。そこで，「天下り式理論」と「たたき上げ式理論」という言葉に出会った。また，当時の無藤研では，最終的には定量的研究にまとめることが多いけれども，常に幼稚園・保育園・家庭などのフィールドに出かけ調査をしつつ，質的な発想や議論を行う雰囲気はかなり広がっていたと思う。

　しかし，研究世界に足を踏み入れたばかりの私は，一度はオーソドックスな方法を学ぶべく，修士論文では量的な研究法と格闘していた。1994年度の冬，1,300人余りへの質問紙調査をし，真夜中の研究室でパソコン2-3台を独り占めしながら「HALBAU」という統計解析ソフトで因子分析をしていた。作業で疲れてくると，私は自分の生まれ故郷の済州島にあるハンラ山の平和な様子や石垣の風景や路地での遊び風景を思い出しては元気になる体験をしながら，自分でも不思議に思いつつ，「自然観と自然体験が環境価値観に及ぼす影響」と題する修士論文を書いた（呉・無藤，1998）。論文に足りない点が多くあったとしても，書き上げたという意味で留学生の私にとっては達成感があった。しかし，一方で，「今できることをするしかない」という「とりあえずの妥協」という感覚もあった。量的研究法では，統計数値で検証し全体的な傾向を強力に主張できる代わりに，個々人の感覚や置かれた状況，個々人が体験している心的リアリティは捉えにくいこともわかった。

1996 年から九州大学の環境心理学研究室である南博文先生の研究室に所属し博士課程を過ごすこととなった。博士課程では，修士論文ではまだ十分に反映できずに置いておいた感覚——私自身の故郷の風景や自分の子どもの時の体験を思い出す活動——を参照しつつ，「原風景」「場所への愛着」というキーワードで新たに考えることになった。南研では，物があり事が起きているフィールドで，その「状況」「文脈」「現場」に基づき，「具体的な様相」を手掛かりに考え描き出すことがとても大事にされている雰囲気があった（南，1994）。そのような質的研究をするための恵まれた環境のなかで，私は知り合いに話を聞く，知り合いと語り合うという形の「個人語り」と「共同語り」を用いて博士論文を書くに至った。

　思い返してみると，修士課程の指導教授の無藤隆先生も博士課程の指導教授の南博文先生も量的研究も質的研究も行ってきており，二人の先生は日本質的心理学会を作った 5 人の創立メンバー中の 2 人である！　研究室で先生の背中をみるだけでも自然に質的研究に取り組みやすい環境の中に私は居たということを改めて思う。

　博論執筆後も質的発想をする共同研究者たちに恵まれた。日本・韓国・中国・ベトナムを歩きまわり，各家庭を訪問してお話を聞きながら，10 年以上行われた一連の共同研究「お小遣い研究プロジェクト」（高橋・山本，2016）や，同じ 4 か国の人々が 4 か国の映画をみながら互いの理解や観点のズレを素材に対話を重ねる「円卓シネマ」（山本・伊藤，2005；伊藤・山本，2011）の中で，私は常に多様なフィールドの人々・データと対話をしながら質的な発想をする線上にあった（共同プロジェクトの論文執筆は量的研究も並行していたが）。

　私にとって「質的な」というのはなんだったのだろうかと思い起こしてみると，「物があり事が起こるところ（現場・フィールド）での様子の詳細」，「物事の変化のプロセスの詳細」，「現場にいる当事者の感覚・視点・リアリティ」，「終わりなき対話の連続と変化」等々のキーワードで表せる。今までの私の質的研究・活動は大きく次の 3 つである。それは，「語りからみる原風景」を手掛かりに地域づくりを考えること，「日韓中越のお金をめぐる子どもたちの生活世界」を手掛かりに子どもたちの文化発達を考えること，「映画を用いて対話を続けるなかでの多文化理解」を通して異なる他者との共生を考えること，である。

本章では，私の最初の質的研究のテーマである「原風景」を紹介しよう。原風景とは奥野（1972）が『文学における原風景』で最初に用いた言葉であり，幼少期や青年期における自己の形成過程で体験した空間・場所・風景のイメージで，作家たちの造形力の源泉にもなるとされた。私は九州大学で，宮崎駿監督作品であるアニメーション「となりのトトロ」を素材にする南先生の原風景講義（南，1995）を聞きながら，私なりの原風景探索の道へ入ったのである。

2. 知り合いと語り合う調査，話の流れを輪切りにしない分析がしたい

　原風景の概念や分析方法や結果の詳細については次の原文を参照してほしい。呉（2000）には，一人分の個人語りのデータのみから描き出された個人の原風景が，呉（2006）には，共同語りのデータから導かれた地域の共同性の生成過程の構造が，呉（2001）には，個人語り・共同語り・空間性などを中心とする博士論文全体がそのまま，掲載されている。

　私は韓国済州島に生まれ育ち，調査のためにお願いして一緒に語り合った人々も済州に住んでいる人々で，ほとんど知り合いである。私と1対1で行った調査（個人語り）では10人に話を聞き，私を含む4-5人が一緒に語り合う調査（共同語り）では，4グループの人々の話を聞いた。説明概念をつくり抽象化しながら理論を構成するときには，1人の語りデータ，1グループの語りデータを主に用いた。

　分析時には，カテゴリ化自体が目的化し機械的にならないように常に研究目的を思い起こしながら，語り内容の大きな流れの変化，語り内容の具体的な素材の変化，いくつかの素材がつなげられたまとまりの変化，時制（現在形・過去形）や話法（直接・間接話法）の表現等に注目しながら，協力者たちと向き合う私自身の感じ方等も振り返りに参照した。

3. 語る当事者のリアリティをどう伝えるか（個人語りから）

　自分の子どもの時の体験を基に語る中に「原風景」として「何（語り内容）」

が「どのように（語り方）」現れるのだろうか．これを明らかにしていく概念を作り，その概念を用いて記述していくことが最初の研究の目的であった．

　主な結果を，概念を用いて述べると，1）原風景の内容としては「風景としての語り（多様な空間・場所での体験を眺める視点で語る）」，「出来事としての語り（具体的な空間での体験を空間や時間移動順に行為者として語る）」，「評価としての語り（現時点で再び意味づけをしながら，過去・現在・未来を結ぶ）」という大きく3種類の内容で紡がれていたこと，2）これらの内容を語る際の語り手の体験モードが随時変化しており，「風景回想タイプ（空を飛んでいる鳥の目になってゆっくり見回っているように）」，「行為叙述タイプ（今その地面（現場）にいて当事者として演技しながら）」，「事実説明タイプ（淡々と事実を羅列しながら）」，「評価意味づけタイプ（語る現在の視点で再び意味づけをしながら）」，「主張演説タイプ（他人に主張・演説しているように）」にまとめられる．

　では，語りの一部をみてみよう．ごく一部しか載せられないが，語られた順に省略しながら示す．Oは調査者である私，Lは語り手，短い点線は一つのユニット内の省略，一行点線は複数のユニットの省略，Oの感想はインタビュー後や録音を繰り返し聞きながら逐語録を作成するときに書き留めたメモを基に1999年論文執筆中に再構成した．

〈風景としての語り：「僕は野原が好きだったな～」〉
　　O　子どものときのことで一番記憶に残る風景にはどんな風景がある？
　　L　一番記憶に残るのは僕が幼いとき住んでいたところ，海の風景なんだ．歩いて5分，……海の音・匂い，……しかしね，単純に海の風景ではなくドルニョク（野原）の風景としなければならないなー．朝起きたら，深い霧の中から……ブーブーと霧笛の警報をならす音を聞いたんだ．その音を聞きながらなにかうら寂しい気がしたな．少年である僕がねー．（風景回想タイプ）

　　--

　　……ドルパン（野原）という概念，私のうろつき回れる空間というか，木があって，川があって，岩があって，……こんな物事全体なの．これをドルパン（野原）という概念で言いたいし，田舎には定期的に行ったけど，その田舎は完全なるドルパン（野原）の典型なの．いつもみずみずしかった．（評価意味づけタイプ）

　　--

こんなものをソウルとかに行っても探し求めるようになったりもするよ。そんな所に行ったら，とくに……思いうかんだりするの。田舎での休み所，避難所，家族の求心点のようなものを探し求める，そんな完璧な概念として野原の概念なの。とても好きでたまらなかった。（評価意味づけタイプ）

　Oの感想：筆者の質問によって語りが始まったが，次々連想に連想がつながり，まさに今，目の前に海が，山が，ドルパン（野原）がみえているかのような感じで，とても落ち着いてゆっくりとした時間が緩やかに流れている雰囲気だった。聞き手である筆者も語りの内容とともに落ち着いた鑑賞者になって風景の中を旅している感じであった。

語りの一区切りが終わり，間が感じられたとき，語りの中で何回か「沙羅峰」と「洞窟」という言葉が出たので筆者は洞窟探検について質問をした。

〈出来事としての語り「洞窟探検は英雄的行為なんだ」〉
O　沙羅峰に行ったと言ったよね。よく行ったの？
L　小学校5年の時から行ったんだけど，1年365日という概念ではなくて，よく行った。……どこどこに行けば洞窟がいくつあるという噂があると，全部行ってきた。沙羅峰にある洞窟は全部行ったと思うよ……。（事実説明タイプ）

O　中の奥まで入るの？
L　それは2つの種類があるの。「お前，ここは行ったことあるか？入ったことないんだろう」「僕はこの前，入ったんだよ」と言ったり，「君も入ってみて，入ってみて」と言ったり，「いやだよ，君が先に入って」という状況が生じる。「よし，僕が先に入るよ」と言って僕が一人で入ってきたんだ。そして英雄になったわけ……。（行為叙述タイプ）

　……今ははっきりと……全部覚えているわけではないが自然と一緒に生活すること，こんなのがとても好きになったんだ。その中で相当な可能性と創造性が開発されるね。……はっきりしている子ども時代の追憶だな。（評価意味づけタイプ）

　Oの感想：具体的な話だったので筆者の質問も自然に多くなっていた。少し前の落ち着いた雰囲気はもうない。いつのまにか声のトーンが高まり，体

3. 語る当事者のリアリティをどう伝えるか（個人語りから）　43

の動きが活発になっていた。L は洞窟探検の話で夢中になった。壁に寄って斜めに座っていた体の姿勢もまっすぐの姿勢に変わった。洞窟探検がいかに難しいことかを披歴して，自分を英雄として説明した。

　彼の顔には満足したような，英雄になったような表情が浮かんだ。洞窟探検をしている少年たちの動きが目にみえるような気がした。そして 40 歳も過ぎている L が，あんなに楽しく夢中になって，自慢げに語っているその表情や声や身振り手振りの動きがまるで子どもに戻ったようなそんな様子が今にも目に浮かぶ。面白い。

洞窟探検の話から次々と話題が変わっていた。そして，だんだん私の質問は少なくなり，質問をする隙もないくらい L は一人で熱弁していた。

〈評価としての語り：「人類文明の最高の志向点は人間と自然が関係する，平和・安楽にある！」〉

　L　とにかく……執拗に追求した。とても好きだったから追求したんだ……そこでよかったことは，そこで純化されて，より多くの話を自分自身とするようになったり，いろいろ感じたり，新しい発見がいっぱいだったという点なの。（評価意味づけタイプ）

　　子どもの時の良かったことの共通分母を言えば古今東西すべてにおいて，もっとも平和らしい情景と言えば……自然なこと，農村らしいこと，野原らしいこと……海岸の水平線の様子，穏やかな波，……こんなものがほとんど支配するのではないかな。人類文明が追求してきた最高の生活の志向点じゃないの。……文明の帰着は事実上健康と平和，……（主張演説タイプ）

　　O の感想：この辺で録音は終わった。予想以上に話が大きくなった。青い空と人類の文明—安楽・平和・解放と子どもの時代等を一つのつながりの中で語っていた。語りの内容は丸ごと変わった。もう自分の体験の話ではない。価値観・思想を語っているようだった。語るというより，講義・演説をしているような，力が入った声で，迫力を感じた時間だった。人間一般・人類の話をしていた。でも自分の子ども時代が背景につながっているようだ。熱弁を振るった。筆者の質問は出なかった。

　L さんは，「野原」でのさまざまな体験は「魂の対話」であったし，「洞窟探検」をすることで子ども世界の「英雄」になった。これらすべては「自然との

生活」でもあり，そのような体験ができた自分は「今，望ましい人間」になっていると語り，さらに，このようなことは自分個人にとどまるのではなく，「人類が向かうべき方向としての平和や健康，安楽」なのではないかと語った。Lさんの原風景は，Lさん自身の基盤・根拠を位置づける空間・風景・場所と関わる体験語りである。Lさん本人によって「野原」とキー概念化されるさまざまな所での体験によって自分は望ましい人間になっていると自己アイデンティティを表す自己物語・私物語としての原風景とみることができる。

4. 原風景の「共同性」は何を基準にどう説明できるのか（共同語りから）

　同じ地域に住んでいる人々と語り合うなかで，何がその地域の人々の原風景の共同性として現れ定めることができるだろうか。当時は「わからない，やってみるしかない」という感覚のまま調査に入った。

　移住者を含み済州島に住んでいる複数の人に私も参加者として入って一緒に語り合う調査を行った。参加してみての感想は，「とにかく面白い！」，「この人たちとなんかもっと知り合えた！」という感覚であった。録音された内容で逐語録を作成し個人語りの分析で作った「風景的・出来事的・評価的」という概念で内容の確認もできた。

　次に，共同語りの逐語録を用いて共同性を捉えるための概念装置を作る必要があった。逐語録を眺めるうちに，語りに発話者として参入するとき，どういう立場での発話かが異なることに気づいた。それを検討し表 4-1 のように概念装置を作ったのが「参加タイプ」であり，この概念装置を用いて語り全体に適用しながらみえてきたのが，図 4-1 で示す「共同性の生成と変容の構造と共同性のレベル」である。

　複数の人々が顔を合わせて子ども時代の体験を語り合う最初は，「今・ここ」に居合わせている「個々人」であった。最初はそれぞれの「私は」と自分の体験を語るが，個人の「私物語」に成らない。誰かが自分の体験を素材にして語っていくと（話題提供），それに同意したり横入りしたりしながら新たな内容を付け加える（敷衍説明）人がいる。また驚きを示したり受け入れたり（受け入

4. 原風景の「共同性」は何を基準にどう説明できるのか（共同語りから）

表4-1 共同語りにおけるユニット分析の例と概念

ユニット	逐語録	参加タイプ
9. 遊び行動の範囲	①そのときは沙羅峰と言った場合，とても遠かったんだ（永）	話題提供
	②僕は山川壇（場所名）まで行ったよ（錦）	敷衍説明
	③山川壇まで！（筆者）	受け入れ反応
	④もちろん，ボルレ（木の実）を採ったり（永）	敷衍説明
	⑤私たちが学校に通うときは，沙羅，山川壇はそのまま歩いたよ……（仁）	敷衍説明
	⑥しかしね，今ここに来てみて息苦しい，町の空間がなくなって，この市内に……（錦）	敷衍説明
16. ネチャン	①昔はね，あのネチャンがね，とてもね（錦）	話題提供
	②沐浴もしたり（永）	敷衍説明
	③うん（仁）	受け入れ反応
	④ネチャンって何？（殷）	確認転回質問
	⑤川，小さな（筆者）	敷衍説明
	⑥乾いたネ（川）といって，乾川という済州島では，平常時には，川の底がつまりチャンがみえるから，……（永）	敷衍説明
	⑦だからネチャンと言うんだ！（筆者）	受け入れ反応
	⑧そうそう，また雨が降ったら……（永）	敷衍説明
	⑨そこでは水の中で遊んだりできるの？（殷）	確認転回質問

○の数字は発話順番，（ ）は発話者，……はユニット内省略

れ反応）しながら理解していく人がいる。話題の内容やことば自体を知らない人，より詳しく内容が知りたい人は質問をする（確認転回質問）。そして語りに出てくる話題や自分たちの体験を理解し共有するわれわれに変化していく。

　つまり，「今・ここで」居合わせて子ども時代の体験を語り合うときに，「私」「僕」がいつのまにか「われわれ」に主語が変わり，その時のあそこ，その時のあの体験を共有していく。「私は」で始まる「個人の語り」は「われわれの語り」に変わっていくのである。「私」から「われわれ」への生成と変化は，敷衍説明が出てくるユニットで起きていた。そこでは，「私」から「われわれ」への主語の変化，「共有するわれわれ」と「異なる今の子どもたち」，「昔われわれが体験した空間・場所」と「今の空間・場所」，「その時のあの場所」と「いまのこの場所」などが対称的に示されつつ，「それを共有するわれわれ」として捉え

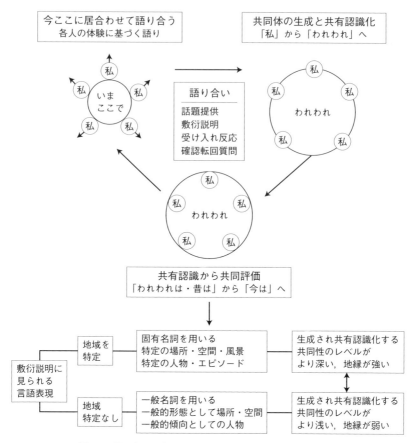

図 4-1　語り合いの中に現れる原風景の共同性の生成とレベル

られた。

5. おわりに

　以上，第3節で個人語りからみえてきたことを，第4節で共同語りからみえてきたことを示した。これらの結果からどういうことが示唆できるのだろうか。個人の語りの中に現れる原風景は，その個々人の「私」を支え根拠づける「私の物語・私のアイデンティティ」であり，とくに自己アイデンティティの下位

概念としての「場所アイデンティティ（place identity）」として捉えることができる（Proshansky, Fabin, & Kaminoff, 1983）。また，共同語りの中の「今・ここ」で地域の空間・風景・場所と関わる記憶や体験を共有するなかに「われわれ感」が生成され共有されていくということ自体から，地域らしさの発見や発展，地域に暮らしている人々の間で形成される共同性（＝われわれ感）を考えるまちづくり・地域づくり・コミュニティづくり（傘木，2004; 西村，2007; 山崎，2012）においてヒントを与えることができる。

　語り合うなかで得られた逐語録を繰り返し読みつつ，原風景をめぐる心理学，人類学，建築学，造景学の領域に至る資料を手にしながら検討を行い，自ら概念を作り検討を行う質的研究の過程を体験することはとても面白いことであった。質的な研究方法も量的な研究方法も追求したいことのための手段ではあるが，どうしても私の個人的な好みは質的研究により傾いている。どうも私は，「生活者としての私」と「研究者としての私」を切り離さず（切り離せず），その両方を行き来するなかでみえてくる視点をもとに，研究への問いや方法を選び探っていくことが好きなのかもしれない。

文　献

伊藤哲司・山本登志哉編著（2011）．日韓傷ついた関係の修復―円卓シネマが紡ぎだす新しい対話の世界2―　北大路書房

傘木宏夫（2004）．地域づくりワークショップ入門―対話を楽しむ計画づくり―　自治体研究社

南　博文（1994）．環境心理学―基本はフィールドから学ぶこと　AERA Mook No3 心理学がわかる（pp. 26-27）　朝日新聞社

南博文（1995）．子どもたちの生活世界の変容―生活と学校のあいだ―　内田信子・南博文（編著）講座生涯発達心理学3 子ども時代を生きる―幼児から児童へ―　第1章（pp. 1-26）　金子書房

西田幸夫（編）（2007）．まちづくり学―アイディアから実現までのプロセス―　朝倉書店

呉宜児・無藤隆（1998）．自然観と自然体験が環境価値観に及ぼす影響　環境教育, 7(2), 2-13.

呉宜児（2000）．語りから見る原風景―語りの種類と語りタイプ―　発達心理学研究, 11(2), 132-145.

呉宜児（2001）．語りからみる原風景―心理学からのアプローチ―　萌文社

呉宜児（2006）．地域デザインにおける「原風景」の共同性―理論的・実践的モデルの考察―　MERA Journal（人間・環境学会誌）, 18, 1-10.

Proshansky, H. M., Fabian, A. K., & Kaminoff, R. (1983). Place-identity: Physical world socialization of the self. Journal of Environmental Psychology, 3, 57-83.

佐藤郁哉（1992）．フィールドワーク―書を持って街へ出よう―　新曜社

高橋登・山本登志哉（2016）子どもとお金―お小づかいの文化発達心理学―　東京大学出版会

山本登志哉・伊藤哲司（2005）．アジアの映画をアジアの人々と愉しむ　北大路書房

山崎亮（2012）．コミュニティデザインの時代―自分たちで「まち」をつくる―　中央公論新社

具体性と抽象性を往還できるモデル

田垣正晋

1. 1990 年代終わりの質的研究

　私は，自らの院生時代の研究を思い出しながら，呉氏の修士論文や博士論文の執筆に関するエピソードを読んだ。同氏とは少しずれるものの，私自身は 1990 年代の終盤から 2000 年代のはじめに大学院生だった。在籍した研究室は異なるものの，私からすれば，呉氏は，質的研究に関する先輩的存在であり，語りに関する論文の執筆について助言をいただいたこともあった。この頃は，心理学における質的研究が重視され始めた時期であり，フィールドワーク，語りもしくはライフストーリー研究が，授業，研究会，学会において取り上げられていた。だが，質的研究を活用した査読論文は，主要学会誌においては散見される程度であり，私は質的研究が受け入れられにくいと考えていた。研究仲間には，質的研究の存在を知りながらも，当時の主流だった量的研究を用いて学位論文を書いたという人もいた。

2. 語りの内容と語り方への注目

　このように質的研究が少なかった時期において，呉氏の研究は先端的だった。第 1 に，語りの研究の対象には，語られた内容自体と語り方の 2 つがあることを示している。しかも「原風景」という，いわば，視覚的記憶を分析対象にしている。第 2 に，呉氏自身が述べているように，対象者一人による語りのみならず，呉氏と複数の協力者との共同語りを取り上げていることも注目に値する。語りは，話し手の思考が映し出され，話し手の「内側」から「外側」にでてきたものと捉えられやすい。だが，呉氏は，語りが話し手たちの相互作用によって生まれることを前面に示している。前者の立場は，ライフヒストリー研究など，よく用いられる手法に通じるものだったが，後者は，語りに対する理論的立場が十分に整理されていなかった当時においては，斬新だったといえる。量的研究における客観性や第三者性が前提になっていた時期において，研究者の知人を協力者にしていることも特記に値する。現在では，研究者と話し手の相互作用を積極的に重視したり，研究者と協力者が研究面以外での強い関係を持ったりする研究は定着している。これは，呉氏のようなパイオニア的な研究が土台になっているといえる。

　呉氏の研究のハイライトは，個人語りの研究において導き出された「風景的」「出来事的」「評価的」という 3 類型のみならず，共同語りの分析を通して，3 類型の関係を検討し，最終的にモデル図を生み出していることである。質的研究に限らず，実証的研究のデータの分析においては，分類とカテゴリ間の相互作用を生み出すことに力点が置かれやすい。呉氏の研究は，ここにとどまらず，話し手の立ち位置，説明や質問という行為，語りにおける時間や場所に注目して，モデルを構成している。図に示されたモデルをみればわ

かるように，抽象的まとまりと，語りから導き出された具体的カテゴリの双方がバランスよく読者に伝わってくる。この点は，やまだ（2001）などの研究者が質的研究の特徴として重視しているものである。読者は抽象度を持った意味のまとまりと具体的なエピソードとを往還できる。

私は，質的研究がモデル構成を目指しながらも，実際には諸事象の分厚い記述にとどまるだけでもよいと考えていた。だが，これほどのモデル図をみせられれば，やはり質的研究がめざすべきは，モデル構成であると思い知らされた。

3. 地域（コミュニティ）づくりへの示唆

自分の身近なことを研究する際の課題として，自明なことを言語化する難しさがある。私は，日本における障害者施策に関する住民会議の研究を海外の学術雑誌に投稿した際，編者から，日本の特徴を浮き彫りにすることを求められた（Tagaki, 2017）。一概にはいえないが，日本の障害者施策は，先進国と比べて，遜色はないと考えていたため，日本の特徴を考え出すのに苦労した。

呉氏も慣れ親しんだ風景を研究する際，同様の困難を経験したと思われるものの，済州島出身の留学生という立ち位置が分析に有益だったのではないだろうか。つまり，いわゆるインサイダーとアウトサイダーのそれぞれの特徴を持ち合わせたと思われる。前者は，協力者の語りを細かく解釈することに，後者は，語れる内容に関して新鮮さを持ち，語りから距離をおきながら分析することができたと思われる。

このことは国内の地域研究にも相通じる。すなわち，研究者の立ち位置には，（1）地域外出身で地域外から通い続けるのか（たとえば Tagaki, 2017），（2）長期に滞在するのか（たとえば菊地，2016），あるいは，（3）出身でありながらも地域外から通い続けるのか（たとえば田垣，2007），（4）地域出身者が在住して研究するのかといった類型が可能である。研究機関の分布や，当該自治体の意向等の事情があるので，どの類型が望ましいかを決めることは難しいが，それぞれで，研究の特徴がでるかもしれない。このように呉氏の研究は，方法論として地域づくりの考察にも示唆深いので，今後の展開を期待する。

菊地直樹（2015）. 方法としてのレジデント型研究　質的心理学研究, 14, 75-88.
田垣正晋（2007）. 障害者施策推進の住民会議のあり方とアクションリサーチにおける研究者の役割に関する方法論的考察　実験社会心理学研究, 46, 173-184.
Tagaki, M. (2017). Action research on drafting municipal policies for people with disabilities in Japan. Sage Open. http://journals.sagepub.com/doi/full/10.1177/2158244017723050
やまだようこ（2001）. 現場心理学における質的データからのモデル構成プロセス―「この世とあの世」イメージ画の図像モデルを基に　質的心理学研究, 1, 107-128

第5章
教室討論における学生感情の役割

ド　スンイ（DO Seong Lee）
訳：呉　宣児（OH Sun Ah）

1. 質的研究と私

　私は質的研究に臨むとき，いつもと次元の異なる幸福感と楽しさを少し感じるが，このような感情が学生たちにもそのまま伝えられ，論文を読む読者たちにも伝えられることを願う。その理由が何なのか考えてみると，おそらく初めて質的研究に接したときの楽しかった経験が私の脳裏に刻まれその時期に戻っているように感じるからであろう。

　私は博士学位論文でグラウンデッド・セオリー・アプローチ（韓国では根拠理論と呼ぶ）（Strauss & Corbin, 1998）を使用した質的研究者であるが，それ以前は完全な量的研究者であった。本稿は，量的研究者である私がどのように質的研究に取り組み始めたのか，その過程はどうだったのか，また韓国に戻ってきてグラウンデッド・セオリー・アプローチと質的研究を10年余り講義しながら感じた点に関する（物）語りである。

量的研究者から質的研究者へ

　私は情緒という主題を研究するために1993年アメリカへ留学した。学生時代のさまざまな経験で私は感情・情緒を研究してみたいと思うようになった。その当時情緒研究はアメリカの心理学でも本格的に関心が持たれてから10年余りになる新しい研究領域であった。情緒に関連する授業を聴講するときや教授との個別研究を通して情緒を探索するときにも，私が扱っていたすべての研究は量的研究であった。私は統計と量的研究方法が好きで実験する過程もとても楽しんでいた学生だった。情緒に関する研究結果を耽読しながら，アメリカ

やヨーロッパの学者たちの情緒の属性を見出そうとする努力と結果へ畏敬の念を持っていた。教育心理の博士課程に進学してからも多くの量的研究方法の科目を受講し，3学期にわたり情緒に対する実験研究を指導教授 Diane，同僚大学院生たちと一緒に実施した経験もある。その時まで私は，私が博士学位論文に質的研究の方法論を使うとは夢にも思わなかった。

　しかし，振り返ってみると，その当時私の大学院環境は質的研究にも手を伸ばすことのできる環境であった。テキサス大学教育心理専攻の大学院では質的研究の必要性がすでに受け入れられており，量的研究と質的研究を同時に遂行する先生方がおられた。私の指導教授 Diane は言語心理学者なので質的研究を主に行いながら量的研究も並行していた。私が質的研究をすることに決めて受講した質的研究方法論の科目の Emmer 教授は実験研究や統計科目も講義した方であった。

　量的研究にばかり集中していたある日，Diane 教授が私に笑いながら，あなたはなぜ私の言語心理学の科目を受講しないのかと聞いたことがある。その時私は言語を扱うのは私のスタイルではなく数字の方が好きだと答えていたことを思い出す。私は，既存研究を耽読し研究問題と仮説を決めて洗練された実験設計の下で実験を行い，統計の技法を通して資料を分析し，結論と論議を導出する過程がとても合理的であると考えた。そして，質的研究論文などから漠然と感じられる，研究者が前面に現れる過程に恐れを感じていた。

　結局研究で重要な部分は，私がみようとする現象を正しくみることができるように助ける分析道具を選択することである。とくに，知ろうとする現象が既存の研究で多くなされてない新生領域である場合は，質的研究がその答えである。大学院4年目に私の博士論文の主題を決めた。夏休みの間に読んだ論文をレビューし，私がやりたい情緒研究の方向についていろんな角度から考えてみた。私は学校の教室（以下「教室」）での学生たちの情緒が知りたかったし，教室状況には教科内容的な面もあるが，社会的な面も存在するという Green ら（1998）の主張に同意していた。しかし，この部分に対する先行研究は多くなく探索が困難であった。とくに，学生たちが社会的，言語的な相互作用を通して知識を構成する社会的構成主義から影響を受けた私は，教室でのディベートが未来にとって重要な教育現場だと考えた。それで私は討論状況での学生たちの

情緒を調べることへ研究方向を決め，自然に指導教授と一緒に質的研究をすることになった。

2. 教室でのディベートにおける学生の経験の促進剤としての感情

　指導教授 Diane と一緒に行った質的研究は，楽しい旅行のような幸せな記憶になった。Diane は，私が全身体で質的研究自体に妙味を感じることができるようにしてくれた。

(1) 資料収集と分析過程

　私たちは，討論における学生たちの情緒経験を調べるために，注意深く研究の企画をした。観察とインタビュー調査をはじめ簡単な質問紙調査（学期はじめ，学期末，授業前，授業後）も行った。私が観察した討論の授業は金曜日の朝9時から12時までの授業で，学生たちは卒業後教師になろうとする学生であった。学生たちは担当教員が指定した関連する理論論文を事前に2～3編読んでいる。その日の討論の主題と要約を紹介してから学生たちは自由に討論に参加した。私は学期の最初に観察者として紹介された後，授業観察を始めた。今でも思い出すことは，私が最初に観察ノートに何かを書こうとするとアメリカの学生たちが一斉に私を見つめていた経験だった。顔や行動に現れないように努力したが，私は家に戻ってきて私の行動が大げさだったかなと自責したり心配したりもした。ずっと定期的に観察しているうちに，学生たちも私のことをあまり気にしなくなった。それで，私は観察で最初に経験する内部の感情的なリアクションが大きくなることがありうること，持続的に参与（prolonged engagement）し研究文脈に自然に吸収されたとき，得られた観察の情報が信頼できる資料であるという点を学ぶようになった。

　学生たちが私にある程度慣れてきた1か月後からインタビューを実施した。学生たちの感情を最大限に生々しく聞くために，討論する学生たちのビデオをとって3日以内にインタビューを行った。毎週2名から3名程度学期が終わるまで討論授業の16名の学生たち全員にインタビューを行った。討論状況における情緒研究があまりにも少なかったので，ビデオを止めて「この時のあなた

の考えと感情はどうでしたか？」と簡潔に聞くことが主な質問であった。状況に応じて探索的な質問をしたりもしたが，主に学生たちが自由に答えをつなげていた。インタビュー資料の分析をしながら私は，本格的に質的研究者としての道を歩み始めた。質的研究での資料分析過程はインタビュー対象者の世界と私の世界が出会い相互作用する過程であった。それは，断片的で簡単な過程ではなく，実際に人に会っているような力動的な過程であった。

　私は Diane と周期的に会い自由に意見を交わしながら資料分析をした（expert debriefing）。指導教授との周期的なミーティングで記憶に残る経験を一つ紹介する。Mary という学生の資料を分析したときであった。Mary は成績がとても優秀な学生であったが，彼女は，討論の間ずっと主に他の学生の怒った表情から否定的な感情を強く感じとるなど，討論の社会的な面の感情に焦点を合わせていた。Mary の資料を本格的に分析するとき，なぜか私は指導教授との周期的なミーティングにも行きたくなかった。偶然にアメリカの友達にその話をすることになったが，友達は先生と話をしてみるべきではないかと助言をしてくれた。私が Mary の状況と感情を大げさに説明するのを聞いて，Diane は私に「I think you are too attached to Mary（あなたが Mary に愛着を持ちすぎているのではないかと思うよ）」と言った。私はこの話を聞いてはっと気づいた。私は資料を分析しながら Mary に感情移入していたが，全く自覚してないことに気づいた。その当時アメリカの社会の雰囲気（9.11 テロ直後）と同じように私もまた少し憂鬱な気分だったし，無意識に私の感情を Mary に移入しインタビュー資料に現れてない Mary の状況を想像しながら分析していたのである。

　また，資料分析が進むにつれて質的研究をすでに経験していたり，量的研究をしていたりする大学院の同僚たちとも私の資料について対話をしたり助言を求めたりする過程を経験することになった（peer debriefing）。このような過程によって私は，研究者が前面に出ていくことに対する恐れを克服することができた。要するに，私はインタビューを分析している間に感じた手に取れない不明確さについて不安感を抱かなくなり，私なりの方式で叙述し整理する過程に何の問題もないという主体的な考えを持つようになった。さらに，私の考えを自由に話しながら自然に私の偏りについても気づくようにな

った。このような偏りに左右されず資料を分析し，討論から学生たちが体験することそれ自体を最大限読者へ伝えようと努力するようになった。資料収集過程でのProlonged engagement, 資料分析過程で行うexpert debriefing, peer debriefingは質的研究の信頼性（trustworthiness）を高める方法である（Lincoln & Guba, 1985）。

(2) 分析結果

グラウンデッド・セオリー・アプローチはおおむねオープンコーディング（open coding），軸足コーディング（axial coding），選択コーディング（selective coding）と段階を踏む（Strauss & Corbin, 1998）[1]。オープンコーディング段階と軸足コーディング段階で，私は資料から学生たちの感情と彼らの認知および行動がどのように相互作用するのかに関する概念（concept），属性（property），次元（dimension）を見出し，共通するカテゴリ（category）を見出した。この段階で私は継続して反復的にインタビューの原資料をレビューし確認を行い，これ以上新しい概念，属性，次元を見出すことができなくなるまで作業し続けた。

私は討論状況における学生たちの経験を感情，認知，行動の側面から分類し，これらの間の相互作用を検討し多様な観点から分析を行った。たとえば，同じ授業に関して2-3名の学生へのインタビューにおける討論の共通状況についての学生たちの情緒的反応から類似点や差異点を分析した。この授業以外の他の授業に関しても一緒に受講している「cohort」状況であるため，学生たちは他の学生たちの話す習慣や頻度に関しても特定の感情的反応様式を発展させていた。また，他の分析では討論において情緒的認知的に豊かな経験をした代表的な10人に対する詳細な描写（mini portrait）を追加した。この描写はカテゴリを抽出するための助けになっており，また読者たちには討論に参加する学生たちの情緒的な多様性と力動性を伝わりやすくした。分析の結果，7個のカテゴリと19個の下位カテゴリが抽出された。カテゴリの例示をすると，第一は「誰かへ注意を集中することは肯定的情緒と関連する」，下位カテゴリは「あまり話

---

1 Corbin & Strauss（2008）では選択コーディング段階をなくし，選択コーディング段階の過程が軸足コーディングの段階に含まれた。

さない学生（Non-talker）が話そうと決心したならその内容はよいだろう」である。第二に，「討論の社会的側面に対する強い否定的な情緒反応は，討論に参与しようとする動機と関連がある」，下位カテゴリは「Lolaに対する強い否定的情緒はある学生たちにとっては話そうとする動機を低める」，「時には強い否定的情緒が話そうとする欲求を感じさせる：私は怒る，それでどんな話をすればいいか考える」等があった。最後に，「討論中に感じる強い否定的な情緒（挫折した，イライラした）の対応策としてこれ以上聞かない行動へ移動する」などのカテゴリも抽出された。

軸足コーディング後期段階で私はカテゴリの間の連結と関係性を探そうと努力した。ストラウスとコービン（Strauss & Corbin, 1998）が提案したパラダイムを適用して，討論状況での学生の感情，認知，行動が起きる条件，それら

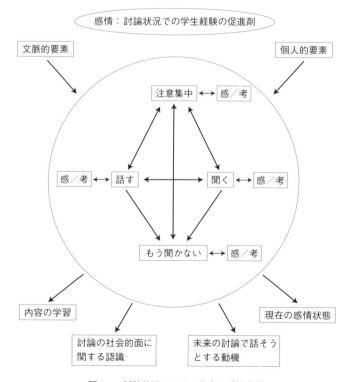

図 5-1　討論状況における学生の感情過程

の相互作用，その結果を探しだそうとした。選択コーディング段階では，討論状況における学生の感情過程に関する関連図と中核カテゴリ（core category）を発展させた。私はカテゴリからこの中核カテゴリが自然に展開できるように努力し，継続してインタビュー資料へ戻り確認することによってもっとも包括的にそして正確に資料を反映した中核カテゴリを構築するために努力した。そのようにして抽出した中核カテゴリは「感情：討論状況での学生の経験の促進剤」として作用する。モデルは図5-1のとおりである（Do & Schallert, 2004）。

　モデルに示したように，討論状況で起きる4つの行為（action）つまり，注意集中（attending），聞くこと（listening），それ以上聞かないこと（tuning out）に各々の学生たちの感情と考えが互いに力動的に相互作用していた。このような作用と相互作用はこの授業の文脈と学生たちの個人要素の影響を受けながら，4つの結果に影響を及ぼしていることがわかった。4つの結果は，内容の学習，討論の社会的側面に関する認識，未来（以後）に討論で話そうとする動機，現在の感情状態であり，モデルで提案した現象は瞬間ごと，授業ごと，そして一つの学期の間持続的に現れた。本研究の結果はいままで明らかにされていなかった討論授業の状況での学生たちの情緒の作用を見出しており，とくに学生たちの「それ以上聞かない行動」が否定的な情緒によって促進されて現れるという点も意義がある。

3. 韓国に戻ってきてから受けた数多くの質問

　2003年に韓国に戻ってきてから10余年の間，質的研究に対する多くの質問を受けた。私が量的研究者から質的研究者へ移行していること，質的研究のなかでも比較的量的研究に近接した方法だと知られているグラウンデッド・セオリー・アプローチ（根拠理論）分析法で研究を行ったこと，質的研究方法をあまり使わなかった社会科学領域に属していることなどの理由で，多くの質問を受けたと思う。多くの質問について考えてみたり答えたりしながら，私がアメリカの大学院では考えたことがないけれども，韓国文化のなかで研究者たちが悩む問題が何であるかだいたい感じることができた。

　もっともよく受けた質問は，量的研究と質的研究のパラダイムの差異に関す

ることである。韓国の社会科学領域の研究文化では絶対的に量的研究が広まっているので，研究者たちは論理実証主義を基盤とする演繹的方式で仮説を設定し資料を収集し，統計的方法を通して検証する。一方，質的研究では研究者が資料の中で参与者たちの意味構図を探していく帰納的方式を選んで，研究者自身が分析の道具になるという観点に立つ。統計技法のような道具に依存せず，研究者の目で資料を見つめるという事実自体が研究者たちにはとても難しく見慣れないこととされる。これは私が以前持っていたような，研究者が前面に出てくることに対する恐れとつながっていると考える。言い換えると，自分の考えをよく表さず周囲と合わせることが美徳である韓国文化において，研究者が自分の目で資料と相互作用することはとても難しい過程なのかもしれない。

　良い質的研究をするためには参与者たちのインタビュー資料と積極的に相互作用することが必要である。この部分で私が考えるもっとも重要な過程は研究ノートをよく活用しながら資料に対する敏感性と開放性を育てることである。研究ノートで資料に対する分析も行うが，分析をしながら体験する感情的なむずかしさ，不安なども表現し，自分の世界も点検することが必要である。

　質的研究過程は相当に長い期間を要求する。したがってこの過程が研究者自身にも楽しい過程になるように意識的に努力する必要もあるだろう。私の指導教授は分析過程が楽しい過程であることを教えるために努力してくれたが，いくつか紹介しておく。ある日，Dianeは黒いノートと蛍光ペンを買ってくれた。私はそのノートに学生たちの学期中の情緒に対する変化を蛍光ペンで整理していくのがとても楽しかったことを記憶している。一日中資料を眺めているときにはこのようにとても小さいが色の異なる経験が分析の面白みを加えてくれる。また，別の経験として，私たちは学術紙への掲載のため論文を作成する時にもユーモアで乗り越えた。私たちは議論からある学生たちの感情的経験にとって教室討論は「maelstrom（ものすごい渦巻）」であると主張したが，審査者は大げさな表現だとし削除を勧めた。私たちはこの用語と一節が学生たちの感情の極端な側面だけを強調したという判断の下で悩んだ末，審査者の指摘通りこの一節を削除することに決定した。私たちは心血を注いで書いた文をそのまま捨て去ることがとても惜しかった。私たちはその文をプリントし通り過ぎていく知りあいの教授や学生たちに一度読んでみるように依頼し，よい文ではないか

と聞いた。彼らはすぐ私の気持ちを察し，笑いながら素晴らしい文であるとフィードバックをくれた。私たちはそのようにして笑いながら一所懸命に作成した文を投稿した。

最後に，私が量的研究者として出発し質的研究の簡単ではない峠を自然に越えることができたのは，私が所属していた研究コミュニティのおかげであると思う。質的研究において研究者の偏見を克服するためのDebreifing過程はとても重要である。タテ社会である韓国で学生たちはこの過程を，格式ばった堅い雰囲気で指導を受ける過程として想像する傾向がある。しかし私の経験からもみてとれるようにexpert debriefingは対等で自然な対話の過程である。文化的に学生たちは自然に教授の言葉により重みを置くが，質的研究のdebriefingをするときはできる限り対等な関係で対話することを勧める。さらに，質的研究に関心が高い学生間の研究コミュニティを形成することを考慮するとよいと思う。研究コミュニティに質的研究者だけがいる必要はない。量的研究者であれ，他の主題を研究する研究者であれ，関係なく互いに助言をしてくれる研究コミュニティを形成すれば多様な視角に接することになり，より信頼できる質的研究を行うことができると思う。

参考文献

Corbin, J., & Strauss, A. (2008). *Basics of qualitative research techniques and procedures for developing grounded theory* (3rd ed.). Thousand Oaks, CA: Sage Publications.
Do, S. L., & Schallert, D. L. (2004). Emotion and classroom talk: Toward a model of the role of affect in students' experiences of classroom discussions. *Journal of Educational Psychology, 96*, 619-634.
Green, J. L., Weade, R., & Graham, K. (1988). Lesson construction and student participation: A sociolinguistic analysis. In J. L. Green & J. O. Parker (Eds.), *Multiple perspectives analyses of classroom discourse:* Vol. 28. *Advances in discourse processes* (pp. 11-47). Norwood, NJ: Ablex Publishing.
Lincoln, Y. S., & Guba, E. G. (1985). Establishing Trustworthiness. In Y. S. Lincoln & E. G. Guba, *Naturalistic Inquiry* (pp. 289-331). Newbury Park, CA: Sage.
Strauss, A., & Corbin, J. (1998). *Basics of qualitative research: Techniques and procedures for developing grounded theory*. Thousand Oaks, CA: Sage.

質的研究の楽しさと学び

片　成男（PIAN Chengnan）

　ド先生の論文からは質的研究の学習過程におけるさまざまな問題と様子がうかがえる。まず，質的研究に関心を持っている学生たちに伝えようとする「いつもと次元の異なる幸福感と楽しさ」とはなんだろう。究極的には，経験した者にしかわからないものであろうが，長い探求の末に突然訪れるような洞察による体験ではないかと思ったりする。私も大学の授業でこのような経験を学生たちと共有し，そしてその学生たちが卒業論文や修士論文で質的研究を試みることを願っているが，思う通りにならないのが現実である。興味を示しながらも迷い，結局質的研究のアプローチをとらなくなる学生が多い。ここにド先生の論文が言及している質的研究の学びの問題が絡んでいる。

1. 曖昧性と質的研究

　研究とは結果的に何かを明らかにする作業である。そのため，私たちは研究に何か確実なアプローチを求め，とくに量的研究をその拠り所にしたがる。量的研究では，問題（仮説）をはっきりさせ，方法も客観的であることがよしとされている。しかし，現実，とくに実践に関わることになると明確な問題ばかりではない。ド先生の研究が Green の研究に示唆を得ながらも，直接参考にできる先行研究は少ないのと同じような情況が多く，とくに研究を始める初期段階では曖昧なところがかなり多い。したがって，研究は探索的にそして創造的に行うしかない。上でいう「長い探求」とは，まさにこのような情況を前提にしている。

　人は不確実性を嫌うと言われているが，曖昧な問題情況は研究者の強い興味と信念によって乗り越えていくことになる。ド先生は研究ノートを使った「インタビュー資料との積極的相互作用」を紹介しているが，参考になる方法である。私はよく「データに浸かる」という表現を使うのだが，研究ノートなど自分の好きなやり方でデータを外在化しながら長い時間をかけて眺めたり，味わったりすることが大事である。このように，苦労しながら探索的に研究を進めていく中で，自分だけのオリジナリティを表現できる。質的研究の楽しさが「いつもと次元が異なる」のはまさにこの点であろう。

2. 質的研究における問題と方法

　私は，質的研究を行うには問題中心的思考が必要だと信じている。方法を中心的に考えると，せっかく面白い問題点に着目していてもいい研究方法が見つからないということですぐにあきらめてしまうようになる。

　質的研究において，研究課題は問題解決志向によってさまざまな展開が可能となる。もっと大きな問題へと抽象化したり，細部に向かって具体化したり，そして関連する問題へ広げたりすることができる。ド先生の論文は，教室での討論場面における社会的側面や

学生たちの情緒を扱っているが,「討論状況での学生の経験の促進剤」としての感情に収束している。この研究からはさらなる課題を引き出すことができる。たとえば,「強い否定的情緒」が「話そうとする動機を」強めたり弱めたりすることがあるとするが,この相反する結果はなぜ起きるのか,それぞれどのような条件を必要とするのか。また,本研究では個人を分析の基本単位としているが,もし討論グループ全体を分析対象にしたらどうなるのか。このように,質的研究はその内部から考察を深めていくしかけが潜在しており,ただ量的研究を行うための準備段階ではないのである。質的研究アプローチには心理学研究における断片化の危機を乗り越える可能性が十分に秘められている。

グラウンデッド・セオリー・アプローチは,質的研究において主要なデータ分析方法として位置づけられているが,その活用にはかなりの柔軟性を必要とする。量的研究において,あるべき正しい統計分析が行われたかどうか判断なされるのとは異なる。本論文では,カテゴリ抽出後に,条件,働き,結果というパラダイムでカテゴリ間の関係性をまとめている。しかし,このような既存のパラダイムの適用はKJ法が強調する下から上へのアプローチとはかなり異なるようにみえる。つまり,異なるアプローチによって異なるモデルが提起されうるのであろう。

このように,質的研究では問題と方法をマッチングさせながら常に新しい工夫を行う姿勢とプロセスがとても重要である。

3. 研究の個人化

常に新しい探索や工夫を行うことは,研究に「個人的傾向」をもたらす。ド先生が最初に恐れていたというのもこの「研究者が前面に現れる過程」であった。しかし,論文からは研究の個人化は孤立化ではないことがわかる。研究過程では,専門家や同僚との意見交流が必要であるし,論文発表になると編集者や審査員とのやりとりも必要となる。ユーモアでお互いの意見のズレを乗り越えるのも素晴らしいと思うが,裁判などの現場になると厳しい戦いになることも覚悟しておく必要があるだろう。

新しいアイディアは常に個人によって生み出される。質的研究の楽しさをすこしでも体感し,そのアプローチから新しいアイディアを目指す研究者が増えることを望む。

第6章
癌患者をめぐる家族共同体の語り

ジョン　アンスク（JEONG Ansuk）
訳：呉　宣児（OH Sun Ah）

1. 質的研究と私

　質的研究に対する私の関心は，もしかすると学部の時からすでに始まったのかもしれない。心理学を学ぶつもりで人文学部へ進学したが，いざ自分が魅了されたのは言語学科の国語学であったからだ。韓国のことわざには「아[a]違い어[ʌ]違う」[1]という表現があるが，その아[a]と어[ʌ]が何なのか，本当に違うならどのように違うのかがとても知りたかった。言語学と国語学に対する関心はずっと高かったが，学部の3・4年の時に知るようになった，都市内の貧民児童の生活と発達により心が傾き修士課程では，臨床心理学を専攻することとなった。その後博士課程ではコミュニティ心理学という分野で個人の発達と行動に重大な影響を与える要因としての共同体とその文化的文脈等の研究をすることになった。結局学部時代から関心を持っていた「[a]違い[ʌ]違う」という時の本当に違う部分，その「ニュアンス」の差についていまはコミュニティ心理学者として研究しているのである。
　私たちはみんな違う。私たちの経験もみんな違う。さらに，同じ現象に対しても人によって経験のニュアンスは違う。我々各自が育ってきた環境によって，指向する価値によって，今日の感情状態によって，絡まれている利害関係によって，どの現象も同一の意味を持つことはできない。
　もしかするとその多様性こそが変化と進歩の必須条件になるかもしれないのに，心理学分野は多様性のニュアンス，関心を持つ現象の多様な経験，そして

---

[1]　「音が似ていても意味が異なることがあるので，慎重に話したり聞いたりする必要がある，また，同じ内容の言葉でもどう話すかによってかなり異なり得る」という意味の韓国のことわざ。

それらに対する異なる解釈についてあまり注目してこなかった。臨床心理学のなかでよく使われている研究方法である質問紙調査は，個人の異なる経験を見逃してしまう。量的研究方法の関心ではないからだ。臨床心理学またはコミュニティ心理学の分野に属しながら研究するとき，私は研究参加者たちが数値で表現してくれる指標を一所懸命に集めた。年齢，性別，教育程度，月収，職業，家族関係をはじめ，暮らしに対する満足度，憂鬱感，不安感，性格までもさまざまな項目に対する答を点数に変換して統計的に分析した。集まった参加者の数によって変わる統計的検証力を基に，質問紙調査の結果が統計的に有意であるかを判断した。それを基に臨床的な意味を解釈した。

このような量的研究には重要な前提がある。研究しようとする現象について知らされていることがそれなりに蓄積されている必要があることである。韓国人の憂鬱感を測定するためにCES-D（Center for Epidemiological Studies -Depression）を使おうとすると，すでに韓国語で翻訳され韓国人の間で妥当化されたCES-D韓国語版が必要である。つまり，項目別に測定しようとする内容が韓国文化に合わせて適切に言語的な翻訳がなされている必要があり，さらに尺度の結果が何点であれば注意すべき程度の憂鬱感であるか，また，必ず専門的な助けを受けるべき状態であるか等に対する基準が準備されなければならない。このような妥当化作業が完了してない尺度を使う時にも，最低限地球上のどこかには私が関心を持っている概念について測定を試みたことがあり，これらを数値化できる尺度が必要である。すなわち，文献研究過程を通して私の関心に対する適切な測定尺度を探しだすことができるくらいの研究が蓄積されてから可能であるのが量的研究である。

質的研究はさまざまな意味で量的研究とは異なる。何よりも関心の現象についてわかっていることが少ないときには質的研究を使用するしかない。たとえば，移民の児童に英語を教えている教師たちの心理的な脆弱性を研究したいとしよう。教師たちを対象にどのような心理的な構成概念を測定すべきかわからない状態かもしれない。移民の児童たちと主に接している英語教師たちが私たちの社会の主流ではなく，したがって研究関心が示されることが少ないからである（Trickett et al., 2012）。つまり，その教師たちの憂鬱感や不安感を測定することにどんな意味があるのか，なぜ，憂鬱感や不安感がその教師たちの心理

的状態を知らせてくれる尺度になる変数であるか私たちは知らないのである。

　したがって，質的研究を通して得られた結論は誰にでもどこにでも適用できる正解としての結論ではない。反対に，特殊な環境で独特な経験をする人々を対象とする研究の場合，研究の結論がその人々には適用できるが一般化するには無理があるという事実を認めなければならない。実際，質的研究を使用するもともとの研究目的も一般化ではないので，研究の全過程においてそれを認めることになる。

　多様な経験のニュアンスに関心が高い私は，だから質的研究を選好する。時間とエネルギーが量的研究に比べてはるかに必要とされることは事実である。しかし，膨大な資料をじっくり一つ一つ分析しその意味を解釈しようと努力しその主題を組織化する長い長い作業を通してみると，研究に参加して自分の話を率直に展開してくれた人の顔が一人一人浮かんでくる。その人たちの声が生々しく聞こえてくる。特定の単語を使うときに顔をしかめていた表情がそのまま浮かんでくる。そして，私がその人たちの語りを学術論文へ紡ごうとする究極的な機能，つまり，私たちの社会であまり関心を受けることのない私たち普通の人々の暮らし，その多様な暮らしの様子それ自体に，学問的・社会的関心を喚起する機能に対する確認があり，その作業にやりがいがある。多様な質的研究のなか，私がとくに愛着を持っている一つの研究について次の節で紹介する。

2. 癌患者と家族の保護者に関する研究

　本研究は 2016 年 11 月現在精神腫瘍学会紙（Psycho-Oncology）に修正稿が提出されている状態で，この節では要約だけ提示することにする。詳細な内容は原文を参照してほしい（Jeong et al., 2017）。

(1) 研究背景

　韓国の医療システムは公的領域が強いようにみえるけれども，その中を覗いてみると患者個人が負担しなければならないことが多い。だから，病院に入院してすぐ出会う質問は「保護者の方はどこにいらっしゃいますか」であることが実情である。それくらい患者に対する看護が患者家族によって行われている

ことが多い。どのような理由であれ家族が直接看護することが難しい状況では，家族が職業介護士を雇用してでも患者の看護をしてくれる人をいつも待機させないといけないことが現実である。

　それでは，癌患者の場合はどうなのか。治療が困難な癌の場合，一人の患者をめぐり，ほぼすべての家族構成員が総動員され患者の看護のために努力することが韓国の一般的な家庭の様子である。もちろん，さまざまな国で行われた研究をみると癌患者の家族たちが時間的に，経済的に，身体的に，そして心理的に少なからず困難を抱えていることが一般的である（Gaston-Johansson et al., 2004; Glajchen, 2004; Haley, 2003）。ところが，この「家族」は主に配偶者であった。それに比べて韓国は配偶者一人の看護で終わらず，多様な家族構成員間の話し合いの過程が必須である。

　したがって，本研究では質的研究方法としての個別の深層面接を使用し，癌患者家族たちが向き合う主要な問題は何で，これらを解決するためにどのような努力をするのかを明らかにしようとした。

(2) 研究方法

　癌の診断をうけてからどのような方式であれ治療を試みたことがある，治療中の成人患者とその家族保護者を対象とした。家族保護者も成人のみを対象にし，来院時に同行した保護者を対象とした。精神病歴がある場合や韓国語で意思疎通に支障がある人は，言語的に資料を収集しなければならない質的研究の特性上，募集対象から除外した。

　調査は，2013年9月から2014年6月まで韓国の大型癌センター2か所で実施した。各機関の研究倫理審査委員会の承認を得て研究を進めた。協力医療陣および病院内掲示板を通して研究内容を周知し，研究協力に参加を希望する人から責任研究員（筆者）へ連絡をするように求めた。責任研究員が研究参加希望者と電話で面接時間と場所を決め，その日に決められた場所を訪問し面談を行った。主に，病院の会議室など静かな空間を利用して面接を行い，面接進行中秘密が保証されるように努めた。

　すべての面接は録音され，録音資料を用いて研究補助員たちが逐語録を作成した。これを基に研究チームが分析を実施したが，質的研究方法の代表的な分

析方法であるグラウンデッド・セオリー（Strauss & Corbin, 1998）を使用し結果を分析することにした。最初の面談をすべての研究員たちが一緒に分析し，この過程のなかで分析の主要な基準について議論した。その他の資料については一時的には研究員たちが個人的に分析を試み，毎週行われる研究会議を通してすべてのチームメンバーたちが常に議論を行いながら抽象化作業を繰り返した。すなわち，オープンコーディングは個人的に行うが，研究会を通して合意点に到達する作業が伴われた。続いて，行われた選択コーディング作業は主に研究会で共同で行われた。持続的な比較分析を通して研究結果の妥当性および信頼性を確保するために努力した（Miles & Huberman, 1994）。

表 6-1　コードおよびカテゴリ

コード	カテゴリ	特性
健康だった 成人の子どもと一緒に居住 成人の子は独立し，老夫婦二人で生活 孫の世話をする 職業活動をした 貯蓄や年金がある	患者の健康および居住状態	主保護者決定に影響を与える条件
責任が不公正に分配される 他の家族からの支持が足りず疲れる 家族内のトラウマ 家族問題について協助がよくできた 特定の家族構成員に特別な愛情がある	家族間関係	
責任分担についての直接的な対話がない 物理的に助けることができるかを計算するようになる 主保護者たちは他の方法がないと考える	主保護者決定	癌患者家族たちの主要課題
医療的な決定は医療陣の勧告に従う 主保護者に対する心理的依存 職業的および社会的関係の減少による自尊感が低下 憂鬱 癌再発に対する不安	患者の適応	変化および新しい役割に対する適応
医療陣との意思疎通 患者に物理的および心理的サポート提供 最善をつくす 寂しさ	主保護者の適応	
仕事，財政，生活パターンの再構造化 健康問題に対する自覚を持つようになる 家族間の絆が強まる	家族の適応	

(3) 研究結果

　計33人が研究に参加した。患者と保護者13組をはじめ，保護者7人が参加した。計113個のトピックが抽出され，それを抽象化して26個のコードが完成された。これらは，再び6個のカテゴリに束ねられたが，コードとカテゴリは表6-1で提示した通りである。持続的な比較分析を通して導出された中核カテゴリは「暮らしに適応しながら生きること」であった。癌の診断を受けるやいなや患者は患者なりに，保護者は保護者なりに，主な保護者ではない他の家族構成員たちはまた彼らなりに，癌によって変化していく状況に対して適応するための最善の努力をしていた。その過程を結果的に図式化すると図6-1のようになり，その内容を整理すると次のようになる。

図6-1　癌に対する家族の適応

「私がするしかないですね」：主保護者の決定

　癌患者と家族たちが直面するもっとも重要な問題は，誰がどの役割を担当するかであったが，その過程の核心は誰が主保護者になるかであった。主保護者は患者の病院生活，医療陣との意志疎通，そして治療方法の決定をはじめ患者の食習慣および生活管理，そして情緒的なサポートまで受け持つ人である。

　家族の中で成人の女性たち，すなわち，妻や娘，または嫁がもっとも多い主保護者だったが，該当する保護者たちは「私しかやる人がいない」という心持ちであった。これは支援する心持ちとして肯定的な情緒としてみることもできるが，仕方のない状況で受ける負担感が否定的な結果をもたらす場合もあった。

　　　「私は母への心の借りがありますね……よくしてあげなくてはならなかったですが私はいままでそうできなかったです……だからこれが機会だと思い

ます」(保護者G）;「他の方法がないですね～。仕事をしてないですから。外で仕事をしない専業主婦ですからね。他の家族はみんな仕事しているので，私がするしかないですね。」(保護者K）。

「(義理の）お兄様はもともと家族と暮らしていました。だからお母様も一緒で。息子一人，娘一人いますね。しかし，しかし息子は中毒問題があって，娘は知能の問題がありまして。ある時はお母さんの腕や顔にあざがあると言いながら訪問看護師が私に電話をくれたこともありますね……事実，だれが義理のお兄さんを看病したいと思いますか!? しかし，私でなければだれがやりますか，こんな家族の状況で？ あ，本当，なんのこともないようにただ関心もたずに生きられればいいですが，それができますか……」(保護者N）

家族共同体の適応

患者参加者の大部分は癌の発病前に旺盛に仕事をしていた。とくに健康については大きな心配なしに暮らしていた人がほとんである。したがって，癌診断後，治療しながら衰弱した状態で職場へ復帰できず"患者として"生きる状態であることが，患者本人にも家族たちにも心理的な負担になることを語っていた。

「私は，ま，健康にはいつも自信があったな。癌というのが何かは知ってはいたけど，私とは関係のないことだった。良く食べて運動して健康に暮らしてたからな……」(患者E）

「私は技術がありました。これが特殊な技術だから定年という年が決まってなくてね。私ができるまで働けるの。しかし，手術をしてから仕事ができない……手術前が100だったとするならいまは50ね，いや，50にもならない。私が本来していた程度の半分もできないね。だからそれがつらい……年取るのは当然だけど，ま，みんなそうだと思うけど……それでもね……眠れない……ある日は朝ベランダで外をみるとき，私の家が3階だけど，これが…地面がとても近く感じたということね……（飛び降りたい衝動があったという意味)」(患者D）

主保護者たちは患者たちの看護のために最善を尽くしながらも，身体的心理的に弱った患者たちについて憐れみを感じたりもする。癌というものがまだ社会的に烙印の効果があると思う限り，保護者は夫の癌について自身の責任があると感じ，友達にも打ち明けることができず，それに未婚の成人の子たちの結婚に悪い影響を与えるかもしれないという心配で他人たちには自分の状況を言

えないままであった。たとえ，宗教的な力で耐えてはいても，患者から少しでも不満が出てきやしないかと，さらに心づかいに苦労しているようにもみえた。

　「あの，人々が癌に良いというものがあるでしょう。難しくても手に入れるべきですね，そういうものは。人々がタンポポが良いってね，それで江華へ行きました。野生で育つタンポポが多いからね，そこには。一つ一つ手で取って，干して，それを粉にしてね，食べ物へ入れるんです，気づかれない程度にね。味が強くて気づかれると夫が嫌うかもしれないので。でも，夫は，『他の婦人たちはこれもするし，あれもするのに，あなたは何したの』と言ったらどうしようと心配ですね」（保護者F）

同時にすべての家族は癌によって，癌再発の可能性に対する不安によって，経済的にも心理的にも多様な準備をするために努力をしたりする。ある家族は一緒に癌に打ち勝ったとこで強く結ばれることもあり，またある家族は癌を相手にする過程であまりにも主保護者一人だけに依存したことが問題になり，家族崩壊の危機に立たされることもある。

3. おわりに

　韓国の癌患者や家族保護者たちの経験が韓国の状況や韓国文化において特殊なことであるのかどうかは，現在のところわからない。外国で行われた研究のなかにも家族保護者たちは癌患者を看るため多くの努力をしており，その過程で他の人がよく理解してくれないことで困難を経験することもあると報告している（Proot et al., 2003; Sandgren, 2010）。しかし，第2節で紹介した研究の特徴は既存の研究ではわからない部分について答えるために質的研究が行われたということである。つまり，韓国では一般的だと言えそうな多数の家族保護者たちが動員されるときに解決しないといけない問題について行われた研究が皆無なので，経験者たちから直接聞いてみる方式を選んだのである。

　健康な家長として機能しているさなか，突然胃癌患者になり無気力になった自分をみるときに抱く自殺衝動，誠実で愚直に農業に従事しながら一生懸命に子育てをしていたのに，いきなり癌という判定を受け避けられなかった自己侮

辱感，なんで私が癌という危重な病にかからなければならないのかという怒り，弱くなった自分の様子を自ら眺めているときのみすぼらしさ。このような多様な情緒が量的な研究測定の道具でどれくらい捉えられるかを自問してみると，時間とエネルギーではとても高い費用を払うことになるが，それくらい価値のある結果を産出する質的研究にまたこだわるようになる。

　2015年ノーベル文学賞を受けたスヴェトラーナ・アレクシエーヴィッチ（Svetlana Alexandrovna Alexievich）は小説を書くときにもドキュメンタリの技法を応用したことで有名である。日刊紙や週刊誌の記事もいまはナラティブ・アプローチをよく使い密度ある臨場感にあふれるストーリーを伝えようと努力している。われわれ心理学の研究においても，これからナラティブ・アプローチなど質的研究方法を応用して多様な暮らしの語りをニュアンスとともに伝達する事例をもっとたくさんみられるようになることを希望する。結局心理学が伝えようとすることは多様な暮らしの語りではなかったのか？ 無味乾燥な平均と変量分析が伝えられない暮らし・生の質感を伝達することができる多様な技法が動員される様子がみたい。

参考文献

Gaston-Johansson, F., Lachica, E. M., Fall-Dickson, J. M., & Kennedy, M. J. (2004). Psychological distress, fatigue, burden of care, and quality of life in primary caregivers of patients with breast cancer undergoing autologous bone marrow transplantation. *Oncology Nursing Forum, 31* (6), 1161-1169.

Glajchen, M. (2004). The emerging role and needs of family caregivers in cancer care. *Journal of Supportive Oncology, 2* (2), 145-155.

Haley, W. E. (2003). Family caregivers of elderly patients with cancer: Understanding and minimizing the burden of care. *Journal of Supportive Oncology, 1* (2), 25-29.

Jeong, A., An, J. Y., Park, J. H., & Park, K. (2017). What cancer means to the patients and their primary caregivers in the family-accounted Korean context: A dyadic interpretation. *Psycho-Oncology, 26* (11), 1777-1783.

Miles, M. B., & Huberman, A. M. (1994). *Qualitative data analysis: An expanded sourcebook.* London: Sage.

Proot, I., Abu-Saad, H. H., Crebolder, H. F. J. M., Goldsteen, M., Luker, K. A., & Widdershoven, G. A. M. (2003). Vulnerability of family caregivers in terminal palliative care at home: Balancing between care and capacity. *Scandinavian Journal of Caring Science, 17*, 113-121.

Sandgren, A., Thulesius, H., Petersson, H., & Fridlund, B. (2010). Living on hold in palliative cancer care. *The Grounded Theory Review, 9* (1), 79-100

Strauss, A. L., & Corbin, J. (1998). *Basics of qualitative research: Techniques and procedures for developing grounded theory* (2nd ed.). Newbury Park: Sage.

Trickett, E. J., Rukhotskiy, E., Jeong, A., Genkova, A., Oberoi, A. K., Weinstein, T., & Delgado, Y. (2012). "The kids are terrific: It's the job that's tough": The ELL teacher role in urban context. *Teaching and Teacher Education, 28*, 283-292.

「多様な経験のニュアンス」をどう描くか

古賀松香

1. 家族の危機と心の揺れ動きをテーマとした研究

　「多様な経験のニュアンス」に関心を持つジョン氏は，韓国において癌患者の家族がその治療過程とどのように向き合っているのかを検討している。日本の質的心理学研究においても，ある疾患の当事者の闘病プロセスやその家族の看護経験のプロセスはよく取り上げられ，質的心理学研究法との親和性が高いテーマである。心理的な危機状態を経験した人がどのようにそれに向き合い，揺れ動きつつ生き抜こうとするのか。それは私たち一人ひとりにとって重要なテーマであり，人間のしなやかな強さに迫ろうとするものである。

　ジョン氏の本論文は，「韓国は配偶者一人の看護で終わらず，多様な家族構成員間の話し合いの過程が必須である」という韓国の家族と看護の文化的特質を背景として，癌患者の家族が向き合う問題を明らかにしようとしたものである。33名の深層面接をグラウンデッド・セオリーを用いて分析することで，筆者の言う「多様な経験のニュアンス」がどのように描かれたのかが興味の惹かれるところである。とくに韓国では主保護者の決定という重要な問題があると述べられていることから，主保護者と他の家族構成員たちの経験のニュアンスがどのように異なり，また重なり合うのか，それが家族全体の看護のプロセスとしてどのように進行していくのかといったところに関心がわく。そこには複雑な心理的な揺れ動きの交差するプロセスが想像され，質的心理学研究法で丁寧に描きたいところである。

2. 「多様な経験のニュアンス」をどう描くか

　それでは，ジョン氏の関心の核となっている「多様な経験のニュアンス」とはどのようなものだったのか。たとえば，主保護者の決定に関する，「私しかやる人がいない」という心持ちについて，「支援する心持ちとして肯定的な情緒としてみることもできる」一方で，「仕方のない状況で受ける負担感が否定的な結果をもたらす」場合もあるとし，その2つのニュアンスの差異が3人の語りを引用することで述べられている。母への恩を感じ，今までできなかった恩返しの機会だと捉えるG氏，専業主婦は自分しかいないという他の家族構成員の就業状況から自分を納得させたかのようなK氏，家族内の厳しい状況を否定的に捉えながら関わらずにいられないとするN氏。しかしながら，これらの解釈は読み手である私が想像しながら読んだに過ぎず，この語りにおいてジョン氏がどのようなニュアンスを読み取り分析のプロセスをたどり，ストーリーを紡いだのかは本節では明確ではない。グラウンデッド・セオリーを用いた分析においてどのようなプロパティとディメンションが見出され，それらの影響関係がどのように見出されたのか，また，それにより，適応プロセスにどのようなニュアンスの差異が生じていたのか。たとえば，同じ

「家族間関係」カテゴリに分類されているコードの中で，「責任が不公正に分配される」と否定的なニュアンスが感じられるものと「家族問題について共助がよくできた」という肯定的なニュアンスが感じられるものがある。これらの持つニュアンスが，図6-1のカテゴリ同士の関係にどのように影響していたのか。「変化および新しい役割に対する適応」のニュアンスにどう影響し，最終的な「主保護者の適応」のニュアンスがどのように異なっていたのか。本節では要約のみが示されていることから，読み手としてはジョン氏の研究の詳細をぜひ知りたいと感じた。

ここで気づかされるのは，語りから想像されるいくつものニュアンスが，分析過程において捨象されていくという，研究のもつ皮肉な側面である。コード化や図式化は，癌患者と家族の「多様な経験のニュアンス」を描くことにどのような作用をもたらしているか。質的研究において重要な問題である。

3. 研究者自身も浸り込んでいる文化的背景をいかにみるか

もう一点，ジョン氏の論文から強く感じたのは，研究者自身が浸り込んでいる文化的背景に対する敏感さをいかに鍛えるかという点であった。私自身も日本の保育に浸り込んで研究をしているが故に，当たり前過ぎて意識化しにくい，つまりは分析対象になりにくいことに時々気づかされてハッとする。それは，他の領域の研究者や異文化の研究者と対話したときに突如として意識に上るポイントである。

今回のテーマで出てくる癌であることの受けとめに，現在の日本との文化的差異を感じつつも，たとえば，フクシマが抱えさせられている問題との共通点が感じられ，大変興味深い。癌であることを宣告されると社会的な烙印を押されたように感じ，友達にも打ち明けられず，未婚の家族が今後結婚できないかも知れないと恐れるということが記述されている。そういった文化的な背景が，たとえば民間療法の選択にどう影響しているのか。本文中には野生のタンポポの話しが具体的に出てくるが，「本人に気づかれないように」というニュアンスや「あなたは何もしない」と言われることへの恐れが何によって生じているのか。その詳細な分析結果は，癌の受けとめや家族関係，地域の中で生きることの文化的意味を考える際に非常に有益な示唆を含んでいる。今後の研究のさらなる発展に期待したい。

■中　国

第7章
物語と時間と感動
―スキーマ・アプローチからみる物語の時間構造―[1]

片　成男（PIAN Chengnan）

1. 質的研究と私

　私と質的研究との関わりは，これというはっきりした出発点はないが，物語はずっと私の研究の周辺にあり続けたように感じている。修論や博論の研究でも物語を使ったりしており，このような物語への興味が自然に質的研究へと流れていったと言えるかもしれない。

　私が長年参加していた「子どもとお金」研究プロジェクトでは，観察法，質問紙法，インタビュー法など多様な方法を用いて日本，韓国，中国，ベトナムの子どもと親を対象にお小遣いの研究を行ってきた（高橋・山本，2016）。その中で，私が一番興味を持ったのはそれぞれの国の子どもや親たちが語ってくれるお小遣いの日常物語であった。

　私は法心理学という分野にも関わっているが，法の世界には人間の悲しい，壮絶な物語が多くある。冤罪の物語である。心理学者たちはいわゆる供述分析のなかで犯行の物語について詳細な分析を行ったりする（浜田，2001；高木，2006）。体験性の有無に焦点を当てている供述分析はそのアプローチによっては立派な質的研究にもなるのである。

　このように，物語は異なる人物，テーマ，スケール，状況および文化的背景などと関わっている。物語を中心にしたさまざまな探求は私にとって重要な質的研究のアプローチになっている。

1　本研究は「中国政法大学校級人文社会科学研究項目資助」を受けて行われた。

2. 物語と心理学研究

　物語は，心理学の研究でよく使われている。ピアジェやコールバーグが道徳性発達の研究で使った物語はとても有名である。たとえば，「ハインツのジレンマ」は心理学の本でよく紹介される物語であるが，コールバーグはこのような道徳的ジレンマを用いて一連の研究を行い，道徳性の発達段階理論を提起していた（Kohlberg, Levine, & Hewer, 1983）。コールバーグはその研究の中で，主に被験者たちの判断理由（またはその論理）を分析し，道徳性の発達に関する認知構造を明らかにしようとした。

　しかし，同じく道徳的ジレンマを用いたギリガン（Gilligan, 1982）は被験者の回答をただの理由としてではなく，その中から異なる声（または意味）を聞きとり，コールバーグ批判を行った。ブルーナー（Bruner, 1986）は，人の語りについて論理-実証モードと物語モードに区分しているが，ギリガンによるコールバーグ批判はまさにこの二つのモードの対立としてみることもできよう。

　このように，心理学研究では物語への多様なアプローチが模索されている。

3. ある物語との出会い

　私は大学の「文化間相互理解と心理学」という授業でも物語を使っていた。いろいろ模索する中で出会ったのが，2010年の第4回「いつもありがとう」作文コンクール（朝日学生新聞社主催）で最優秀賞を獲得した，当時広島市立中島小学校1年生だった片山悠貴徳君が書いた「ぼくとお父さんのおべんとうばこ」[2]である。

　この作文は，2012年ごろに中国のネットでその翻訳文が出回り，多くの中国人をも感動させていた。授業では，作文にみられる「日本らしさ」に注目しようとした。しかし，自分が直感で日本的だと思った感動を，すぐに自分の言葉で分析的に表現することはできなかった。本稿の背景には，著者の直感とこだわりが働いている。

2　http://www.sinanengroup.co.jp/sakubun/prize/pdf/vol4/katayama-yukinori.pdf

4. 物語の分析

　この作文はなぜ多くの人を感動させることができたのか。上記のように，法心理学研究でも，証言や自白の信頼性を争うために供述資料について細かい分析を行っている。この作文を繰り返し読みながら分析を試みる中で，たどり着いたのはスキーマ・アプローチ（高木，2006）という分析方法の応用である。このアプローチは心理学者たちが供述分析の実践から提起したものである。

(1) 分析単位

　スキーマ・アプローチは，語りの形式的特徴に焦点を当てている。分析は単位の分割から始まるが，いわゆる分析単位とは「ある事物（人・モノ）がある動作を遂行する」という単位を指している。つまり，「行為者（主語）＋行為（動詞）」の形式をとっており，「動作主行為単位」とも呼んでいる。主語が明示されていない場合には実質的な主語を推定して挿入したりする。
　たとえば，作文は次のように始まっている。

　　　おとうさんがびょうきでなくなってから三年，ぼくは小学一年生になりました。
　　　おとうさんにほうこくがあります。きっとみてくれているとおもうけど，ぼくはおとうさんのおべんとうばこをかりました。

　この部分を分析単位に分割すると，「おとうさん＋なくなる」，「ぼく＋なる」，「（ぼく）＋ある」，「（ぼく）＋おもう」，「ぼく＋かりる」という5つの単位になる。このように作文全体を分析単位に分割する。

(2) 分析単位の動作主と行為

　このように分割した単位は，全部で42個であった。さらに，分析単位の動作主と行為を分類していく。まず，動作主には「ぼく」，「おとうさん」，「おかあさん」，「おべんとう」，「おべんとうばことはし」，「てんぷら」，「じかん」があげられていた。次に，行為を運動行為と心的行為に分類する。たとえば，上

表 7-1 各動作主と各行為の出現頻度 (%)

動作主	運動行為	心的行為	合計
ぼく	16 (38.1)	12 (28.6)	28 (66.7)
おとうさん	6 (14.3)	0	6 (14.3)
おかあさん	2 (4.7)	0	2 (4.7)
おべんとう	2 (4.7)	0	2 (4.7)
おべんとうばことはし	1 (2.4)	0	1 (2.4)
てんぷら	1 (2.4)	0	1 (2.4)
時間	2 (4.7)	0	2 (4.7)
合計	30 (71.4)	12 (28.6)	42 (100)

記の「なくなる」,「なる」,「ある」,「かりる」は身体による運動行為に分類し,「思う」は心的行為に分類することができる。分析単位における各動作主と各行為を次の表7-1に示す。

この表からわかるように,「ぼく」の行為が一番多く全体の66.7％を占めている。次に「おとうさん」の行為が多く,「おかあさん」の行為は2回だけである。お弁当など他の事物は6回になる。分析単位の動作主としてのおとうさんは,6回のみだが,「おとうさん」という言葉は作文の中で16回も出現している。つまり,おとうさんの直接行為からではなく,「おとうさんのおべんとうばこ」「おとうさんにあいたい」などの形で,おとうさんへの思いをつよく漂わせている。

行為の分類からみると,「ぼく」以外の動作主の行為はすべて身体行為や存在などを表す運動行為である。「ぼく」の行為は,運動行為が16回,心的行為が12回となる。心的行為をさらに細かくみると,「おもう」や「かんがえる」などが3回で,「ドキドキする」「さみしい」など直接気持ちを表したのが9回で多数を占めている。

(3) 作文における時間の流れ

以上,分析単位の分割から動作主と行為に関する基本情報を取り出した。これは既存のスキーマ・アプローチの手法に基づく作業である。さらに分析を進めると,もう一つ時間に関する手掛かりがみえてきた。つまり,動作主の行為はある特定の時間での行為である。たとえば,前に挙げている「おとうさん＋

78　第 7 章　物語と時間と感動

図 7-1　分析単位にみる時間の流れ

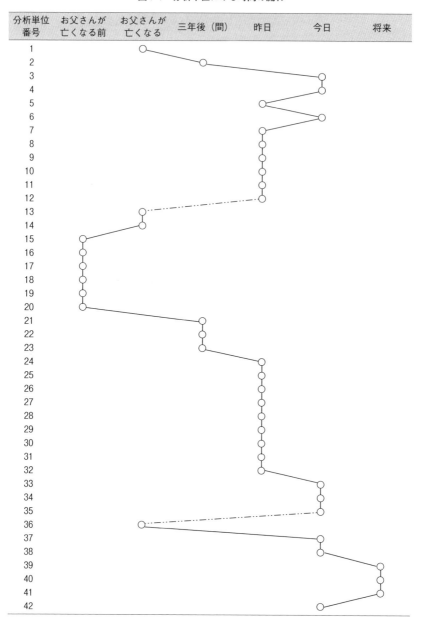

なくなる」,「ぼく＋なる」,「(ぼく)＋ある」,「(ぼく)＋おもう」,「ぼく＋かりる」の分析単位は,それぞれ異なる時間帯に起きた出来事である。このように,分析単位毎にその時間帯を確定していくと,「お父さんが亡くなる前」「お父さんが亡くなる」「三年後(間)」「昨日」「今日」「将来」の6つの時間帯に整理することができた。図7-1に,各分析単位の時間帯を示し,作文における時間の流れを表している。

　この図にみるように,物事は主に「昨日」と「今日」に発生しており,昨日に16回,今日は9回となる。他に,「お父さんが亡くなる前」に6回,「お父さんが亡くなる」時に4回,「三年後」が4回,そして「将来」に3回となる。そして,分析単位の順番からこの作文独特な時間の流れ(または時間の動的構造)をみることができる。物事は時間順に直線的に語られるのではなく,時間の起伏をなしている。

(4) 時間の重層構造

　分析単位によって,物事の時間帯をはっきり捉え,また時間の流れをも示すことが可能となった。しかし,物語における時間は重層的に交錯しており,さらに複雑な様相を現わしている。

　分析単位の数からもわかるように,作文では「昨日」のことがもっとも多く書かれている。「昨日」という時間は,さらに「あさ」「十時」「お弁当の時間」などに細かく区切られており,その中で物語が展開していく。たとえば,作文では「<u>きのう</u>のおべんとうは,とくべつでした」「まだ<u>十じ</u>だというのに,おべんとうのことばかりかんがえてしまいました」「そして<u>あさ</u>からまちにまった<u>おべんとうのじかん</u>」などの表現がある。まさにこの細かい時間において,子どもの気持ちがもっと生き生きと表現される。

　時間は,このように細かく区切られるだけでなく,また互いに繋がっている。「おとうさんがびょうきでなくなって<u>から</u>三年,ぼくは小学一年生になりました」「そしてあさ<u>から</u>まちにまったおべんとうのじかん」からは時間の連続性をみることができよう。他に,「あれ<u>から</u>たくさんたべて空手もがんばっているので<u>いままで</u>つかっていたおべんとうばこではたりなくなってきました」という表現もある。「いつも」という言葉も時間の連続性をよく表現している。た

とえば，「……（おとうさんは）いつもこっそり，ぼくだけにぼくの大すきなエビのてんぷらをたくさんあげてくれました」。作文では「いつも」という言葉が3回使われているがすべてお父さんに関する表現であった。

さらに，興味深いのは組み込まれた時間である。たとえば，「ぼくは，きのうのことをおもいだすたびにむねがドキドキします」において，昨日のことを思い出すのだから胸がドキドキするのは今日の「いま」のことである。つまり，今日の中に昨日が組み込まれている。逆に，昨日の中に今日が組み込まれる個所もある。たとえば，「いまおもいだしてもドキドキするくらいうれしくておいしいとくべつなおべんとうでした」。昨日の特別なお弁当を語るのに「いま」の気持ちが参照されている。さらに，昨日の中にもっと遠い時間が組み込まれる個所もある。「おかあさんがとだなのおくからおとうさんがいつもしごとのときにもっていっていたおべんとうばこを出してきてくれました」。昨日のことの中に，ずっと前の時間が自然に流れ込んでいく。

このようにして，時間は物理的にバラバラのパーツとしてではなく，「ぼく」にとって心理的意味のある一つのまとまった時間として繋がっている。

5．時間から何を読み取るか

以上，「動作主行為単位」をもとに，時間の流れとその重層構造について分析した。この分析から何を読み取るのか。まず時間の流れからその意味を考えてみよう。

（1）時間の流れと三つの方向付け

時間の流れの分析では，時間の起伏を指摘した。「お父さんが亡くなった」ことに焦点を当てると，この時間の流れは三つの部分に分けることができる。分析単位でいうと，第一部分は1〜12，第二部分は13〜35，そして第三部分は36〜42である。この三つの部分は全部お父さんが亡くなったことから始まるが，それぞれ異なる時間に向かって流れていることがわかる。第一部分で，時間の流れは昨日の出来事に向かっており，第二部分ではお父さんが亡くなる前の過去の時間に向かってからそのまま昨日の出来事に流れていく。そして，第

三部分では今に足場を置きながら将来に向かっていく。このように，時間は「昨日」「過去」「将来」という異なる方向に向かっている。

　異なる時間は異なる出来事と気持ちを表している。「お父さんが亡くなった」ことは寂しくて悲しい。しかし，昨日のお弁当は特別であり，過去のことはうれしく，そして将来には希望がある。寂しくて悲しい気持ちは，昨日の特別なお弁当，過去のうれしかったことと関係づけられ，また将来への希望で胸がいっぱいになる。このように，時間の流れの中でお父さんの死を乗り越えていこうとする。やまだ（2000）は，重要な人の死を受容する語りの分析で，その物語構造を提起している。死者の物語，自分との関係づけ，そして死の肯定的なものへの変換と納得である。この作文の構造もこれに類似しているといえよう。

　物語を読む読者の気持ちも，この時間の流れによって，「さみしい」－「ドキドキ」―「さみしい」―「うれしい」―「さみしい」－「きぼう」へと繰り返し揺さぶりをかけられる。お父さんの死に対するネガティブな感情の直線的な表現ではなく，ネガティブな感情とポジティブな感情との間のこのような起伏が読者を深く感動させるカギの一つであると考えられる。

(2) 時間の重層構造とつながり方

　時間は散在するのではなく，さまざまな形でつながって一つの全体をなす。時間の繋がり方は心のまとまり方またはあり方でもある。

　時間の重層構造の分析では，細かい時間や時間の連続性および組み込まれた時間など，多様な時間の繋がり方に注目した。小学生の作文なのだから，その時間表現の多様性にはもっと驚かされる。浜田（2009）は，物語形成における出来事の順行性と物語の逆行性の絡み合いを指摘しており，事件の「語り」はその当の事件が終わり，事後の視点から語られることを強調している。時間の重層構造には，まさに事後の視点と逆行性が秘められている。

　作文において，お父さんの死は直接多く書かれていない。しかし，「ぼく」の寂しさと悲しさは強く伝わる。お父さんの死に関する薄い記述は，時間の動的および重層的構造によって厚みのあるものとして映し出される。

6. おわりに

　短い作文であるが，その分析にしつこくこだわったような気がする。この物語はなぜ多くの人に感動を与えることができたのか。作文を読んですぐこの点に着目していても，実際その手掛かりは容易に見つからなかった。「おべんとうばこ」や「死者のモノ」などをキーワードに，考えてみてもすっきりしない。いろいろ試行錯誤をする中で，もう一つ「泪」[3]と題したある中国の小学生の作文に出会った。同じく親の死を語った作文で，親の病気，貧困，両親の死亡，親への思いなどが綴られていて，もっとも悲しい作文として感動を呼んでいた。二つの作文を並べて読むことで，「親の死」という共通のテーマと語りにおける「時間の要素」の違いが目につくようになった。二つの作文を比較分析し，それぞれの文化的特徴を探るまでにはいかなかったが，本稿では「時間の構造」について自分なりの分析を深めることができた。

　物語は読者によって，研究者によってさまざまな読み方と分析ができる。この論文では物語の具体的な内容ではなく，その時間的要素について考察しており，分析技法としての意味合いも大きくなってきた。確かに，この小さな物語の分析と，供述分析で体験性の有無を鑑定するような心理学的分析とをつなげていけることを望んでいるところである。

3　http://tieba.baidu.com/p/3947401053

参考文献

Bruner, J. S. (1986). *Actual minds, possible worlds*. Cambridge, MA: Harvard University Press.（田中一郎（訳）(1988). 可能世界の心理　みすず書房）
Gilligan, C. (1982). *In a different voice*. Harvard University Press.
浜田寿美男（2001）. 自白の心理学　岩波書店
浜田寿美男（2009）. 私と他者と語りの世界—精神の生態学へ向けて—　ミネルヴァ書房
Kohlberg, L., Levine, C., & Hewer, A. (1983). *Moral stages: A current formulation and a response to critics*.
高木光太郎（2006）. 証言の心理学—記憶を信じる，記憶を疑う—　中央公論新社
高橋登・山本登志哉（2016）. 子どもとお金—お小遣いの文化発達心理学—　東京大学出版会
やまだようこ（2000）. 人生を物語る　ミネルヴァ書房

作文という小さな物語の可能性

沖潮（原田）満里子

1. 作文という物語を題材とする

　人々の語りや物語は，言語を主な道具とする質的研究においては中心的な素材となっており，なかでも，自らが収集したデータを分析する質的研究が多くみられる。片氏は，これまで数多くの質的研究に携わっておられ，相当量のデータ，そして物語に触れてこられた方であろう。そのような氏が，本書の論考では，日本の小学校1年生が書いた作文という物語をデータとして分析している。これまでのアジア諸国に関する研究を紹介するのではなく，この作文の分析を選択したのも，それだけ片氏にとってこの片山悠貴徳くんの物語との出会いが印象的だったのだろう。

　また，読者の中には，1200字というこれだけの短い文章に対してどこまで分析ができるのだろうか，という不安をよぎらせた人もいたかもしれない。しかし，片氏はスキーマ・アプローチを用いることで，見事に動作主と行為，そして時間を軸としたこのテクストの分析を展開している。片氏の論考にもあるように，スキーマ・アプローチは，法心理学における供述分析，いわゆる裁判や取り調べにおけるやりとりの分析に主に利用するために開発された分析方法である。供述分析に用いるこの方法を小学生の作文の分析に用いたのは非常に興味深い。これまで多くの質的研究に関わってきた片氏だからこそ可能であった分析手法の選択なのだろう。

2. 時間をどう捉えるか

　はじめに片氏が行ったのは行為の主体である動作主と，その行為の分類である。そこでは，作文の著者である「ぼく」以外の動作主の心的行為は描かれていないことがわかる。つまり「思う」や「考える」「さみしい」といった心的表現は「ぼく」のものだけがこの作文では表現されている。

　次に片氏は時間の流れを分析しており，作文では，時間が一方向的に流れるのではなく，重層的に交錯していることが明らかになった。しかし，それでも物語の不明瞭さというものを感じさせることなく，読み手が「ぼく」の様子を容易に想像できるのは，「昨日」，「あさ」「十時」といった細かい時間の表現が，彼の気持ちのリアルさを伝える助けとなっているのではないだろうかと私は考えた。

　また，時間の大きな流れとして作文には3つのまとまりがあり，それぞれが，お父さんが亡くなったことから始まり，「昨日」「過去」「将来」という異なる方向に向かっているという。そしてそれぞれに，お父さんの死に対するネガティブな感情とポジティブな感情との間の起伏が表現されていることが，読み手へ感動を与えるカギのひとつになっているのだという。また，多くは語られない「ぼく」のお父さんの死が，時間の動的および重層

的構造によって厚みのあるものとして映し出され，「ぼく」の寂しさと悲しさを伝えるものになっている，という点も第二の感動のカギである，と片氏は明らかにしている。

3．作文をどう読むか

　他の入賞作品を読んでみると，家族のために仕事をがんばってくれるお父さんやお母さん，いつも笑顔でいて見守ってくれるおじいちゃんやおばあちゃんに対する感謝の気持ちがストレートに綴られているものが多いように感じられた。そのなかでも「ぼくとお父さんのおべんとうばこ」は，感謝の伝え方が他の作品とは少し違うところに読み手が感動するのかもしれないと私は感じた。作文では，父のお弁当箱を使えることの嬉しさ，そして大きくなった自分を父に報告することで，「ぼく」のたくましさが垣間見える。しかし終盤になり「かみさまにお願いができるなら，もういちど〜みんなでくらしたいです」という父がいない現実に対する寂しさがふと出てくる。ここで，そういえば彼はまだ小学校１年生だったのだと，幼くして父親を亡くした彼の寂しさが素直に表現されているところに私は胸を詰まらせてしまった。そして最後はお弁当箱を貸してくれたことに対する父への感謝で締めくくられている。

　「作者の死」というバルトによる言葉があるように，物語は書き手の元を離れると読み手の解釈に委ねられるものとなる。また，物語は読み手によって解釈や感じられることもまた異なってくる。それでも多くの人に感動を与えたというこの物語には，やはり何かしら読み手を揺さぶるものがあるわけである。

4．物語の可能性

　片氏は，その感動のカギを見事に分析している。しかも，冒頭にも書いたように，わずか1200字足らずの短い文章に埋め込まれた感動のカギを丁寧に拾い出している。このことは，私たちの日常に溢れているさまざまな物語が，質的研究にとって非常に大切な素材になる可能性を秘めているということを私たちに教えてくれるだろう。最後に，中国でも話題になったという「泪」という作文の「ぼくとお父さんのおべんとうばこ」との比較分析を，本稿の続編としてどこかで書いていただけるのを切に願う。片氏がすぐに言葉で表現することが困難であった「日本らしさ」をぜひ読んでみたい。

第8章
「地主の死」と口述史研究

何　江穂（HE Jiangsui）
訳：片　成男（PIAN Chengnan）

1. 質的研究と私

　私の質的研究経歴は1997年の秋に正式に始まる。当時，私は北京大学の孫立平教授の「二十世紀下半期における中国農村社会の変遷に関する口述資料収集計画」という研究プロジェクト（郭于华・孙立平，2002）に参加した。このプロジェクトは，中国の東北，西南など六つの地理的・文化的に異なる地域からそれぞれ一つの村をフィールドにし，1940年代以来の中国農村のさまざまな変遷を実際に経験した普通の村民に対してインタビューを行うものであった。

　北京大学の口述史研究プロジェクトは，1996年から2003年まで行われた。その間に，十数人もの大学院生たちが相次ぎ研究に加わるようになったし，また中国社会学の立て直しも基本的に終わるところであった。研究に参加した院生たちの理論志向は多様で，口述資料の位置づけもそれぞれ異なっていた。口述資料を歴史現場に戻る基本資料と位置づけ，村民たちが経験した社会変遷から国家権力の社会下層部における小さな実践を検討する研究（李康，1999）があったし，また口述資料が示しているのは村民たちが現在行った過去理解であることを強調し，口述史研究はその中から国家権力の実践結果としての人々の心理状態に注目すべきだとする指摘（李放春，2000；姚映然，2003）もあった。他の研究では，口述資料を一種のナラティブテキストとみなし，村民たちの口述テキストには現代的な「時間」「事件」が交錯しており，歴史的な事件系列には位置づけにくいことが指摘されていた（方慧容，1997）。

　このように，北京大学の口述史研究に参加した学生たちは口述資料を基に中国農村の社会変遷を考察するという研究指針に従いながら，それぞれ実証主義

(positivism),解釈主義（interpretivism），構成主義（constructionism）的研究パラダイムをとっていた。私自身が口述史研究において体得した点といえば，この三つの研究パラダイムが同じ研究プロジェクトの内に生じさせた大きな緊張関係である。

本稿で使われるのは，北京大学口述史研究プロジェクトが陝西省驥村[1]で収集した口述資料と文字資料である。1969年の春に驥村で起きた地主馬鐘泰とその妻の死亡事件の詳細および村人たちのこの事件についてのさまざまな語りを整理しながら，歴史の還元，村人たちの語りと過去の出来事に対する理解をつなげ，異なるパラダイムが口述史研究において生じさせた張力の調和を試みる。もちろん，この試みはそれぞれの張力を取り除くためではなく，それを明らかにすることによって口述史および質的研究方法の検討を目指すのである。

2.「地主の死」と口述史研究の実践

「地主の死」は驥村で起きた一つの悲劇であった。陝西省北部の黄土高原に位置するこの村は中国共産党の土地改革時期の「典型村」であった。中国共産党幹部の張聞天はかつてこの村で調査を行ったことがある（張聞天，1942）。1980年代から90年代には，アメリカや日本の学者たちもこの村に注目するようになった（Rawski, 1986; Esherick, 1998; 深尾ら，2000）。他に，毛沢東など中国共産党のリーダーたちが戦争期間中に四か月間この村に滞在したこともあって，共産党史の研究資料にも驥村に関する記録が残る（趙振軍，1988）。したがって，驥村のフィールド調査は，1940年代以来の中国共産党の典型村としての社会変遷を考察できるだけでなく，既存の各国の研究成果をも参照することができた。

本文で論ずる驥村の地主馬鐘泰の死は，多くの村人がそれに言及しており，また村の幸運と不運のシンボルと見なしていた。馬鐘泰は誰なのか。彼はどのように自分の人生を終えたのか。彼はなぜ村のシンボルと見なされたのか。これらの問題は私たちが口述史および質的研究方法を考察するための始まりでもあった。

---

1 驥村は架空の地名である。中国では対象地にも架空の地名を使うことがある。

（1） 馬鐘泰の死

　馬鐘泰の生涯については，驥村の馬氏地主家族の子孫が2003年に編集した『馬氏家族誌』(pp. 244-245)に一項目百文字足らずの記載がある。この記載によると，馬鐘泰は1908年に生まれ，北京大学化学学部を修了した。1940年，馬は省政府の派出機関である地域専署建設課の唯一の係員であったが，この時期は中国共産党が驥村の所在地域を掌握したころである。家族誌の記載によると，彼はその後，驥村所在の県中学で教えることになるが，すぐに地域専署に戻される。1949年中華人民共和国が成立した後，馬鐘泰は延安と西安の工場，政府部門や研究所などを転々とする。家族誌での最後の記載は，「"文化大革命"中に迫害を受け，無辜に死ぬ」であった。

　家族誌からは，馬鐘泰が成人してから村で生活した時間は短いことがわかる。だが，彼に関する村人たちの記憶と語りはとても鮮やかなものであった。1930年代に生まれたある村民は「馬鐘泰は文化素養もあるし，きれいな字が書ける」人であったと回想していた。当時の常雇いの息子であったこの村民にとって，馬鐘泰の字はとても印象に残るものであっただろう。家族誌が最後に簡単に触れている馬鐘泰の死は，村民たちにとってさらに一生忘れられないことであった。馬鐘泰とその妻・賀鴻範は1969年の初春に驥村で悲劇的にその人生を終えていた。

　文化大革命が始まってからの1969年1月，長い間村を離れていた馬鐘泰とその妻は仕事先から驥村に送還された。送還書類をみた人はだれもいないが，彼がなぜ帰ってきたのかを理解することは難しくなかった。「馬鐘泰の義理のお兄さんは馬明方である。馬鐘泰は西安で仕事をしていたのだが，その階級身分のため文化大革命中に送還されたのである」。このように語ったのは，当時二十歳過ぎで村の青年組織にも参加していた村民であった。ここでいう「階級身分」とは，まず馬鐘泰が驥村馬氏地主家族の一員であったことを指す。彼の父親は中国共産党が1942年に行った調査で地主と認定されていた。しかし，村民たちがいう階級身分はこれだけではなかった。多くの人が語りの中で馬明方に言及しているが，この義理の兄こそ地元では最も早く革命に参加していた一人であり，1930年代からずっと共産党の高級幹部で，建国後は陝西省の党書記，組織部の副部長についていた。しかし，文革が始まると「裏切り者」「反革

命」として批判されるようになる。馬鐘泰の家族事情にさらに詳しい人たちは国務院の事務局で働くその娘と文化部に勤める娘婿のことをも語っていた。以前なら庇護や便宜を提供してくれたはずの親族たちが，文革の間には馬鐘泰が送還される理由になったのである。

　馬鐘泰の従弟の回想によると，驥村に戻った頃，馬鐘泰の状況はそれほど悪くなかった。「昼には労働に従事し，一日おきに晩には批判闘争会を開かされる」。この従弟の説明によると，批判闘争会はまだ耐えられる程度で，大抵言葉による批判であるが，たまに行為による辱めもあった。前記の青年組織参加者は，後のインタビューで批判闘争会の様子について「馬氏地主の8，9人が一列となって，銅鑼や銅拍子を鳴らしながら，紙帽子をかぶって行進させられた」と語った。さらに，「冬に靴と靴下を脱がせてから，雪を入れた盆の中に裸足で立たせ，罰を受けさせる」こともあった。しかし，これはその後の遭遇とは比べ物にならない。

　馬鐘泰が村に戻った一か月後，解放軍の工兵部隊が驥村付近で戦争に備える工事を行うために馬鐘泰の屋敷に泊まることになった。2000年に行ったインタビューで，まだその屋敷に住んでいる村民は「当時，一中隊の兵士たちがここに泊まっており，倉庫用の洞穴をトイレに改造しようとした」と語った。解放軍はその工事中に思いがけず一包みの帳簿を発見した。帳簿には「誰々がいつどれぐらいの土地を借りて，地代がいくら未返済になっている」というようなことが書かれており，ほかに拳銃のカバーをも見つけたが，拳銃は見当たらなかった。馬鐘泰にとってまさに不運であった。

　文革時の青年組織に参加していたある人は「馬鐘泰に暴力を振るったりするころはもう凍るほどではなかったが，でも寒かった。夜には馬鐘泰一人だけを闘争対象にした」と語った。批判闘争会の組織者は「拳銃のカバーはあるのに拳銃はないのか」と言って馬鐘泰に拳銃の差し出しを要求し，その「巻き返し帳簿」についても罪を認めるように迫る。この村民はその帳簿が「馬鐘泰が残したものかそれとも彼の父親が残したものかわからないことだし，馬鐘泰が帳簿の存在をわかっていたかどうかも明らかでない」と言う。だが，村の一部の若者たちは暴力で馬鐘泰に迫った。村民の話では，「馬鐘泰は首に5斤もの錘を掛けて立っていた。村の18歳頃の紅衛兵が鉄パイプをもって彼を殴った」。

批判闘争会での暴力で馬鐘泰は打ちのめされるようになる。「馬鐘泰は批判闘争会後のある時期にもうダメになった。彼は背が高く，体格もよかったけど」。

1969年4月28日の闘争会はまだ肌寒い室外で行われた。打ち倒された馬鐘泰は闘争会が終わった後もそのまま現場に残された。翌日の朝，村民たちは馬鐘泰が死んでいるのを発見した。人々に「とてもおとなしい」と言われていた馬鐘泰の妻・賀鴻範もそれから一日後に家の水がめに身を投げて死んでいるところを発見される。

(2)「馬鐘泰の死」に関する口述史研究

馬氏家族の子孫たちが編集した二冊の家族誌以外に，当の地域の公文書や馬鐘泰の子孫を含めた馬氏の家族らが書いた作品では馬鐘泰の死に関する記録は見当たらなかった。もし驥村での口述史インタビューがなかったら，馬鐘泰の悲劇は歴史の中に埋もれていただろう。口述資料は暗闇の中の閃光のように歴史の中の「無名者」(infamous men) を照らし出す可能性を与えてくれた (Foucault, 1979)。

しかし，この光が何を照らし出したかはさだかでない。前節でははっきりした時系列と事件の前後論理に従って馬鐘泰夫妻の死を語っているが，村人たちの語りの間にはさまざまな矛盾や曖昧さがみられた。たとえば，馬鐘泰の死亡原因について，ある村人は「馬鐘泰は殴られて死んだのではない，人にやられたのでもない。一回だけの闘争会で耐えられなくて，服毒自殺したのである」と語った。当時馬鐘泰には毒薬の入手ルートがないので，このような説明はとても疑わしい。だが村人たちが語る相当の内容に関してその真偽を証明することはかなり難しい。たとえば，ある村人は「巻き返し帳簿」は馬鐘泰が写して倉庫に隠したと言っていたが，私たちが前節で捉えたのは「はっきりしない」という慎重な言い方であった。事実，前節で取り上げた内容はただ一部の人たちの言い方であって，異なる語りも多数そして多様に存在していた。

村民たちの間にみられる語りのズレは，口述史研究の信頼性 (reliability) を損ねるし，さらに大きな問題は具体的で生き生きとした口述資料が事件に関する完全な語りではなく，つなげあうことすらできない断片にすぎないということである。前節で私たちは馬鐘泰の体つきや当日の天候に関する記述を記録し

たが，村民の中には馬鐘泰の死亡した時間，場所について完全にそしてはっきり語れる人は一人もいなかった。方慧容（1997）が指摘するように，口述史インタビューを整理してできたテキストは時間，コンテクスト，状況があいまいなまたは入り混じったナラティブの断片である。ある村民は，馬鐘泰のことを語る前の十数分間，ずっと 1940 年代の土地改革を語っていた。元々国民党のために仕事をしていたが土地改革の時に共産党に投降したある馬氏地主に言及した際，話は自然に馬鐘泰に移った。その二人ともが文革で批判闘争されたからである。「馬潤田が投降してきたのは 45 年か 46 年である。しかしその後彼の地主身分を認定し，階級闘争を行った。私の記憶では，解放軍が村に駐屯したとき，馬鐘泰に対しても闘争を行った。彼も以前村を出て仕事をしていた」。この村民は引き続き馬鐘泰の批判闘争会について語り始め，その会での解放軍士官の発言まで臨場感をもって真似ていた。しかし，この批判闘争会が土地改革から 20 数年も経っていることは自覚していないようであった。インタビューアーが当時その時間のずれに気づき，馬鐘泰の批判闘争会が開かれた時期を尋ねると，「それは 58 年か 59 年以降で，61 年になっていたかは定かでない。どちらにしても 58 年の大躍進は過ぎてからである」。この答えによって，それまでの生き生きした記述は疑問視されるようになった。実際，村民たちの語りにおいて，馬鐘泰の死亡期日は「謎」のようであった。多くの人は文革を基準に考えていたが，たまに 1940 年代の土地改革運動と間違えたりする人もいた。もっと正確な時間を思い出そうとする人もいた。たとえば，前節で批判闘争会の天候に言及した村民は，「68 年の冬から 69 年の初め，または 69 年の冬」であるとした。この答えは確かであってまた曖昧でもあった。私たちが馬鐘泰夫妻の墓地を訪ねてその墓碑で確認した死亡期日は 1969 年 4 月 28 日であった。

　口述史研究は人の過去に関する語りを研究の中心に位置づけている。しかし，上記のように口述資料の分析では多重的な真実の存在とその間の張力が浮き彫りになっている（Appleby et al., 1995）。インタビューを通じて収集した口述資料は，語りの行為からすればそれ自体すべてが真実であり，インタビュー状況における話者の過去に関する語りである。これら過去に関する語りの基礎となるのは，話者の過去に関する真の記憶である。もちろん人は異なる状況の中で記憶の「真実」について添削を行うことがある。真の記憶はまた話者自身の経

験に基づくのである。記憶と経験との関係は時間の推移とともに不確かなものになる。もっと困るのは，同じ状況においても人々の見聞にズレが生じることである。馬鐘泰の批判闘争会についていえば，驥村の人々の口述資料は本当の語りから得られているとしても，記憶力の強い人は 30 年後でも多くの細部を正確に覚えていた。また 30 年前のその現場においても，馬鐘泰の従弟，文革時の青年組織参加者，そして他の村人たちはそれぞれ異なる見聞と感想を持っていたはずである。

　このため，口述資料から「客観の真実」としての過去に遡るには，語りや記憶や経験の障壁に直面することになり，口述史研究の四重の「真実」——客観の真実，経験の真実，記憶の真実，語りの真実——には慎重にならざるをえない。また，三重の「真実」——経験の真実，記憶の真実，語りの真実——には経験者・記憶する人・語り手のそれぞれの状況における理解の真実が含まれる。過去の当の状況においても，人の感想や言葉や行動はその人の状況への理解を表しているし，過去に関する記憶と語りも身を置いているそれぞれの状況への理解に関わる。私が口述史のフィールド研究で強く感じたことは，村民たちは研究者と徐々に親しくなりまた信頼関係を築くようになると，馬鐘泰の悲劇を語る際にもっと自分の感想に触れることである。

　他に，口述史研究で注意すべきところは，三重の「真実」およびそれに相応する理解真実の間に絶え間ない構成のサークルが存在している点である。過去に関する語りはその時の過去に関する本当の記憶に基づきながら，同時に「過去に関する記憶」の構成に参加しており（Halbwachs, 1980），語りと回想はまたその都度「過去の経験」を構成することになる。驥村の人たちが行う馬鐘泰の死に関する語りは，人々の当の悲劇に関する記憶を喚起し，またその記憶を再構成している。なぜならば，毎回の語りが一定の状況での馬鐘泰の死の再体験——語りと記憶の層においての体験——であるからだ。

　まとめると，過去の客観の真実を追究しようとするとき，口述史研究は経験の真実，記憶の真実，語りの真実およびこの三重の「真実」がもつ「真実の理解」に直面することになる。これらの多重の真実の間に存在する張力こそ，口述史研究の魅力であるといえる。「過去」に関する多重の真実を理解してこそ，私たちの社会生活にとっての「過去」の意味を明らかにすることができよう。

3. 口述史研究と質的研究方法の考察

　以上の事例研究から，口述史研究は普通の人の過去についての語りを記録していることがわかる。これはもう一つの歴史の書き方の可能性を提示するだけでなく，口述資料の中に異なるタイプの真実が共存していることを示している。異なる真実の共存は，質的研究方法を考察するための視点を与えてくれる。

　質的研究では異なる方法論について議論されている（Lincoln & Guba, 2000）。口述史研究は，実証主義や解釈主義や構成主義など異なるパラダイムが必ずしも対立しないことを教えている。これらのパラダイムは一つの研究の中に共存可能であるし，またお互いを組み合わせるべきである。口述史研究者は語り手の語り方の分析を通じてのみ，語り手が語りの中で伝えようとする理解を捉えることが可能だし，過去の経験にまで遡ることができる。

　次に，口述史研究は主にインタビューを通じてデータを収集するので，質的研究法としてのインタビュー方法が直面する課題を浮き彫りにしてくれる。オープン式であれクローズド式であれ，インタビューは研究者とその対象者との談話であり（Fontana & Frey, 2000），両者の関係はその談話に影響を与える。口述史研究では，長期間のフィールドワークと同じ対象者に複数回のインタビューを行うことがその人の研究への協力を促すことがわかっている。しかし，口述史研究にみる多重現実は，対象者の語りと歴史の真実とを直接同一視することができないことを教えてくれる。インタビューデータの分析では，トライアンギュレーション（triangulation）や結晶化（crystallization）（Janesick, 2000）の方法を取り，異なる社会地位の対象者にインタビューを行ったり同じ対象者に異なる時点で異なるインタビュー材料で交互に検証を行ったりするだけでなく，観察や文字資料など多様な質的資料をもってインタビューの補充と検証を行う必要がある。

　他に，もう一つの歴史の書き方として，口述史研究は普通の人を研究の中心に置く。口述史の資料として収集されるのは普通の人の過去の経験だけでなく，その語りからは彼らがどのように歴史の意味構造を理解しているかを研究することも可能である。普通の人の歴史の理解は，「客観の真実」としての歴史および国家・市場などの力によって「構成」される歴史より重要だと言えなくても，

同じくらい重要であるはずだ。実際，普通の人の理解を捉えることは，今に生きる「過去」と過去の影響を受けている「今」への重要なアプローチになっている。私たちは，驥村の人たちの口述史研究を通じて，「地主の死」の事例を記録することができ，普通の村人たちの社会革命と社会変遷に対する理解を探ることもできたのである。

参考文献

Appleby, J., Hunt, L., & Jacobs, M.（1995）. *Telling the truth about history*. Norton.
Esherick, J.（1998）. Revolution in a feudal fortress: Jicun, Mizhi County, Shaanxi, 1937-1948. *Modern China, 24,*（4）, 339-377.
Foucault, M.（1979）. The life of infamous men. In *Power, truth, strategy*（pp. 76-91）. Feral Publications.
Fontana, A., & Frey, J.（2000）. The interview: From structured questions to negotiated text. In N. K. Denzin, & Y. S. Lincoln（Eds.）, *Handbook of qualitative research*（pp. 645-672）. Sage.
深尾葉子・井口淳子・栗原伸治（2000）. 黄土高原の村―音・空間・社会― 古今書院
Halbwachs, M.（1980）. *The collective memory*. Harper & Row.
He, J.（2006）. The death of a landlord: Moral predicament in rural China, 1968-1969. In Esherick, Pickowicz, and Walder（Eds.）, *The Chinese Cultural Revolution as history*（pp. 125-152）. Stanford University Press.
Janesick, V.（2000）. The choreography of qualitative research design: Minuets, improvisations, and crystallization". In N. K. Denzin, & Y. S. Lincoln（Eds.）, *Handbook of qualitative research*（pp. 379-400）. Sage.
Lincoln, Y., & Guba, E.（2005）. Paradigmatic controversies, contradictions, and energing confluences. In N. K. Denzin, & Y. S. Lincoln（Eds.）, *Handbook of qualitative research*（pp. 191-215）. Sage.
Madsen, R.（1984）. *Morality and power in a Chinese village*. University of California Press.
Rawski, E. S.（1986）. The Ma landlord of Yang-chia-kou in late Ch'ing and republican China. In P. B. Ebrey, & J. Watson（Eds.）, *Kinship organization in late imperial China, 1000-1940*（pp. 245-273）. University of California Press.
方慧容（1997）."无事件境"与生活世界中的"真实"—西村农民土地改革时期社会生活的记忆― 北京大学社会学系硕士论文
郭于华（2011）. 倾听底层―我们如何讲述苦难― 广西师范大学出版社
郭于华（2013）. 受苦人的讲述―骥村历史与一种文明的逻辑― 香港中文大学出版社
郭于华，孙立平（2004）. 诉苦―一种农民国家观念的形成机制― 景天魁（主编）中国社会学年鉴1999-2002（pp. 276-279） 社会科学文献出版社
李放春（2000）. 历史，命运与分化的心灵―陕北骥村土改的大众心态― 北京大学社会学系硕士论文
李康（1999）. 西村十五年：从革命走向革命―1938-1952年冀东村庄基层组织机制变迁― 北京大学社会学系博士论文
李猛（1998）. 拯救谁的历史 二十一世纪, *49,* 128-133.
孙立平（2000）.'过程―事件分析'与当代中国国家―农民关系的实践形态― 清华社会学评论 特辑1（pp. 1-20） 鹭江出版社
姚映然（2003）. 受苦人―骥村妇女对土地改革的一种情感体验― 北京大学社会学系博士论文
张闻天（1942/1994）. 米脂县骥村调查 张闻天选集传记组等（编）张闻天晋陕调查文集（pp. 123-287）中共党史出版社
赵振军（1988）. 中共中央在陕北 解放军出版社

中国における口述史研究から浮かぶいくつかの疑問

伊藤哲司

　筆者である何江穂さんが書いた「『地主の死』と口述史研究」を興味深く読ませていただいた。1997年に何さんは、「二十世紀下半期における中国農村社会の変遷に関する口述資料収集計画」という北京大学の研究プロジェクトに参加したのだという。当時はまだ若手、ないしは大学院生だったのだろうか。このような研究プロジェクトがあったということ自体、私は知らなかったし、それがまた「国家権力の実践結果としての人々の心理状態に注目すべき」という指摘が当時あったというのに少々驚いた。1966年から1976年ごろまで続いた文化大革命（文革）に対するふりかえりや反省という意図も込められていたのだろうか。「封建的文化、資本主義文化を批判し、新しく社会主義文化を創生しよう」という改革運動としての文革は、結果として国内の大混乱と経済の深刻な停滞をもたらしたとも言われる。

　その文革の闇に葬られつつあったのであろう驥村の地主・馬鐘泰の死に、何さんは着目する。多くの村人が調査のなかで言及したというこの人物（およびその妻）の死。彼の死に関する記録は乏しく、家族史に残された記載は「"文化大革命"中に迫害を受け、無辜に死ぬ」というシンプルなものであったという。しかし「村のシンボル」とも見なされた彼の死をめぐる村人たちの語りによって、彼の存在が時代を超えて蘇ってくる。そのようなことが、国家の意図にも反しないかたちで可能になったのは、まさに質的研究の賜と言っても過言ではないだろう。このような成果が、「立て直しも基本的に終わ」った中国社会学において生み出されていたということである。

　しかし、この何さんの論考を読んで、いくつか腑に落ちず、疑問を抱いたところがあった。紙幅の制限で書ききれなかったということもあるのだろうが、どうやらそれだけの理由ではないように思える。

　まず1つ目の疑問は、驥村というのが偽名（仮名）だということである。「陝西省北部の黄土高原に位置するこの村は中国共産党の土地改革時期の「典型村」であった」というこの村についての説明が正しいと仮定して、そこまで書きながら、なぜ実名で記すことができなかったのだろうか（どうやら引用されている先行研究でも同じである）。村を特定できないかたちで書かねばならない事情があったとして、「陝西省北部の黄土高原に位置するこの村」といった絞り込みを可能とする記述がなぜ出てくるのであろうか。あるいはもしかすると、この説明自体も正しくないのではないかという疑念を抱かせるし、そもそもこの「馬鐘泰の死」というのが実在の話なのだろうかという懐疑さえ浮かびあがってくる。仮名にすることには、何らかの国家の意思が働いているのであろうか。

　2つ目の疑問は、「村民たちの間にみられる語りのズレ」を指摘し考察もしていながら、

「羅生門」問題への言及がないのはなぜなのかという点である。黒澤明監督の日本映画「羅生門」（1950 年。原作は芥川龍之介の「藪の中」）に描かれた，ある殺人事件をめぐる当事者たちの語りの食い違いは，矛盾する語りであるにもかかわらず，そこにひとつの真実があると思い込んで解釈しようとするということを私たちに知らしめている。英語などでも「Rashomon」という用語が，この手の研究で同様の意味で使われることもあるというのに，中国の学界ではあまり知られていないということなのだろうか。

　3 つ目の疑問は，この研究プロジェクトに参加した学生たちのなかに実証主義・解釈主義・構成主義のパラダイムをそれぞれとる人がいて，それが大きな緊張関係を生んだというにもかかわらず，「全く対立するものではな」く，「一つの研究の中に共存可能」であり，さらには「お互いを組み合わせるべき」だと何さんは書く。しかし，そうそう簡単に組み合わせられないからこそイズム（主義）でありパラダイムなのではなかろうか。もしそれらを「組み合わせ」られるというのなら，その実例を知りたいものだと思った。同じ語りを別のパラダイムで読み解くことは可能かもしれないが，それは「併存」とは言えても，「組み合わせ」られるものとは，にわかには考えづらい。

　そして 4 つ目の疑問は，この「地主の死」の事例が，中国社会において社会学的に，あるいは歴史学的に何を照らし出していると筆者は考えているのかが，必ずしも明確に述べられていないことである。そのことを明らかにするためには，なぜこの事例がここで取り上げられたのかということを示すだけではなく，他にどのような事例があったのかということを示すことも必要であり，そのなかでこの事例がどのような質的な特徴をもっているのかということを明らかにすることも求められる。言い換えれば，このサンプルが何を代表しているのかということへの言及が必要なのである。本論には，それが欠けている。

　これらの疑問は，ひとまずご本人に聞かなければクリアーにはなるまい。何さんはこの論考を中国語で書いており，その翻訳を読んだ私が日本語でコメントしても，なかなかすぐ伝わらないというもどかしさはある。しかし，このような問題に真摯に取り組んでいる研究者が中国にもいることを知った（おそらくは，何さん一人ということではなく，もっと何人もいるのだろう）。いつかどうにかして議論をする機会を得たいものだと思う。

第9章
中国における質的研究の倫理課題

李　暁博（LI Xiaobo）

1. 質的研究と私

　質的研究と言えば，私の場合，どうしてもナラティブ・インクワイアリーから始めねばならない。2004年に日本で書いた博士論文は理論の論考を中心としたものではなく，一人の日本語教師のストーリーの叙述を中心にした。当時は，客観的な言語の規則や言語使用状況の研究が正統的だった筆者のいた研究コミュニティからは，ストーリーが研究になりうるのかという指摘がしばしばあった。

　そして，2004年に日本で無事に博士号を取り，中国に戻った。当時中国では，質的研究という言葉が教育学や社会学や言語教育学などの学術誌でも目に入るようになっていた。しかし，そのほとんどが研究方法論の紹介だった。実際の研究調査に基づき，ストーリーを中心とした研究はまだみられなかった。筆者が准教授になるために，教師の実践的知識をストーリーから探った2本の質的論文を審査員に審査してもらったときに，「これは日本語教育の研究になりうるのか疑問であるため，不合格にします」と言われた。普遍性と代表性などを重視する中国の研究者に，少人数の研究対象者のストーリーの叙述を中心とする質的研究がいかに心を打ち，価値のあるものかと認識してもらうことが，質的研究者たちの使命でもあるかもしれない。

2. 中国における質的研究の倫理問題

　ここ数年，中国において，教育学，社会学などの研究分野では，主流とは言え

ないが，質的研究手法をとる研究の増加傾向がみられる。とくに，社会学や少数民族教育や一般教育学などの分野においては，中国の急速な社会発展に伴う社会や教育との間の矛盾や問題などをテーマにする質的研究が多い。そのうち，中国の農村地区の教育や社会状況などを質的手法で調査する研究が近年増えてきている。たとえば，出稼ぎの親と一緒に都会に出てきた農村の子どもの都会の学校でのアイデンティティ研究，そして，親が出稼ぎで農村に残されている「留守番児童」についての研究，そして，農村の児童たちの退学現象などについてのエスノグラフィー研究などがある。また，男性教師の幸福に関するナラティブ・インクワイアリー，中学校の女性教師の教育信念に関する研究，幼稚園の男性教師の成長などの質的研究も，注目を集めている。これ以外にも，心理学の研究分野，そして，外国語教育の研究分野でも，近年，質的研究手法をとる研究が増えてきている。Ouyang（2011）が中国のこれからの質的研究の発展ぶりを「雨後の筍」という言葉で比喩しているように，今後の中国の質的研究の発展が期待できよう。

　しかし，質的研究をする過程においては，非常に大切な倫理問題を，もっと多くの中国の質的研究者は真剣に考える必要がある。

　李玲（2009），文雯（2011）などは，質的研究の倫理問題の概念の紹介，欧米などの国での発展および審査制度などの紹介，あるいは「研究対象」を保護する，という倫理問題を手続き上の問題，そして道徳レベルで捉えている。黄盈盈・潘綏銘（2009）は社会学の立場から，「倫理問題は道徳レベルだけにとどまるべきではなく，方法論，そしてもっと具体的な方法操作のレベルから考え，研究すべきだ」と指摘している。このような倫理問題についての研究は，これから中国での質的研究に有益であることは言うまでもない。しかし，倫理問題は理論的なものではなく，質的研究を行う過程で起きる実践的な問題である。よって，倫理問題を，研究過程と結びつけ，具体的な研究例を通して，反省し，探り，分析する必要があると思われる。

　次は，筆者が博士論文を書いた時に起きたある出来事について叙述し，それを倫理という角度から反省し，分析を試みたい。

3. 涼子さんを傷つけた

　涼子さんは私が日本でナラティブ・インクワイアリーという質的研究手法で書いた博士論文の研究参加者である。筆者の博士論文の中で，留学生に日本語を教える涼子さんの日本語教師としての専門性について論じる章があった。そもそも，なぜこの章を書こうと思ったのか。

　筆者は，涼子さんの実践に1年近く参与観察をし，さまざまな対話，インタビューを行った。その中で，涼子さんがいつも口にする言葉は「自分は専門的な日本語教師とは言えない」という言葉だった。筆者はこの言葉が気になった。なぜ涼子さんはなぜ自分が専門的な日本語教師とは言えないと思うのだろうか。涼子さんは何を基準にして自分の日本語教師としての専門性を判断しているのだろうか，など。これについて，筆者は単刀直入に涼子さんに聞いたことがある。そこで，涼子さんはある先輩の先生が日本語を道具だとすれば，道具をいかに扱えるかという部分だけが日本語教師に課せられた仕事だと言ったという。それに対して，涼子さんが，道具を扱うに当たっての過程を一緒に支えあうとか，一緒にみていくとか，そういうのも大切ではないかと言ったら，先輩にそれは学習者と教師の関係性の構築で，技術ではないはずだと言われたそうだ。そこから，涼子さんは自分が確かに日本語教師のプロではないのかなと思ったそうだ。さらに，涼子さんは，自分の考え方と授業の仕方は，今までの同僚の先生たちとかなり異なるから，自分の授業は同僚の先生にみせられないと言ったことがある。なぜなら，自分の授業は同僚の先生にみせたら，自分が「（学生たちに）なめられている」と言われるかもしれないからだと涼子さんは言った。

　筆者はこのような話から，そして，涼子さんに研究に協力してもらう過程において感じたのは，涼子さんが日本語教師として自信が持てず，自分を専門的な日本語教師として位置づけない原因は「技術中心」の先輩の先生や同僚の先生などによって構成されている仕事の「コミュニティ」のせいだと考えていた。そして，どちらかと言えば，涼子さんは，このコミュニティにおいては，「弱い立場」におかれていると考えた。

　研究が進むにつれ，博士論文の執筆が終わるころになると，筆者は涼子さん

のために，先輩の先生や同僚の先生たちに反論して，彼女が立派な専門的な日本語教師であることを論じたくて仕方がなかった。むしろ，それを研究者に課せられる義務と責任だとまで思っていた。自分の論点を支えるために，筆者は理論を引用したりして，「強い」同僚たちに囲まれるコミュニティにおいて，「弱い」立場に置かれた涼子さんの実践こそが立派なプロの日本語教師が行うべき実践だと，理論整然と，そして「気持ちよく」論じることができた。正直に言えば，書き上げた時の達成感は大きかった。自分が書きたいことをやっと書き上げたからだ。そして，涼子さんが読んだら，きっと喜んで納得してくれると信じ込んでいた。

　ところが，結果はまったく逆だった。涼子さんは，私が書いたこの章の前身のリサーチテキストを読んだ後，意外にもそれまでに現したことのなかった不愉快な表情をみせた。しかし，どこが，何がだめなのかについては，は言わなかった。そして，その後の何日間も涼子さんは筆者を避けて回避していた。

　一体，何が起こったんだろう。どういうところが涼子さんの気を悪くさせたのだろうか。中国人としての私が日本人の涼子さんを理解するのはやはり無理なのかなと，ショックを受け，考えてみたが，急いで博士論文を書き進めたかったために，進度を落として，このような問題をめぐってじっくりと考えることはしなかった。涼子さんと十分に話し合いもしなかった。

　ただ，筆者の直感では，筆者が涼子さんを「弱い者」の立場だと解釈し，同僚の先生たちを「加害者」のような「強い者」だと解釈したことに，涼子さんは傷ついたのではないかと感じた。そして，この直感に沿って，リサーチテキストを書き直した。書き直したリサーチテキストでは，筆者はこのような観点をなるべく抑えるように，言葉を削除したり，段落を調整したりした。結果としては，涼子さんは納得してくれた。だが，やはり，どこかに涼子さんが引っかかっているように，筆者は感じていた。

　そして，筆者が博士号を取り，中国に戻った2年後に，涼子さんが中国を訪れ，筆者と会った。その時に，筆者は涼子さんに，再び当時のことを語り，あの章で涼子さんがなぜ不愉快になったかということを無視して，急いで博士論文を書いたことについて，非常に申し訳なく思い，今は後悔していることを素直に告白した。そうしたら，涼子さんはとても大きな声で「そうよ！　あなた

はそれを無視すべきではなかったの！」と気持ちよく言った。そして，涼子さんは，当時，この章を読んで，傷つけられ，もしナラティブ・インクワイアリーがこのような研究法ならば，納得できないとまで思っていたという。筆者は，当時涼子さんをここまで傷つけたことを知り，本当に申し訳なく思うばかりだった。

一体，どういうところがだめで涼子さんを傷つけたのですか，と涼子さんに単刀直入に聞いたら，涼子さんははっきり答えなかった。ただ，「なんかわからへんけど，それまでの章の'涼子さん'が自分やとわかるんやけど，あの章の'涼子さん'は私のではなく，李さんの'涼子さん'になった」と言った。

そして，余談ではあるが，涼子さんは「2年間もずっと私の心に潜んでいた不快があなたのこの一言でなくなったのよ！」とハハハと笑いながら言ってくれたことを，今でも感謝している。

4. 理解の難しさ

筆者があの章で行った涼子さんに対する解釈は，表面的にみれば，涼子さんの「言動」に基づいているものであった。たとえば，涼子さんがずっと自分の実践に「自信がない」と言っていたり，自分の実践を「同僚の先生たちにみせられない」と言ったりしている。それを，私は，涼子さんが自分の教師としての専門性，そして，自分の実践についての理解と解釈だと思っていた。しかし，涼子さんは自分の教師としての専門性，そして自分の実践について，他の考えもあったかもしれない。そして，自分を「弱い者」だと思っていないかもしれないし，そう思ってほしくもないかもしれない。筆者が悪かったのは，それについて，涼子さんと十分に話し合わずに，あるいは，慎重に考えずに，自分の理解を「真実」だと思い込み，書いてしまったところにあったのではないかと思う。

かといって，そもそも，筆者としての私が，涼子さんという「主体」が理解していることをどこまで「正しく」理解できるのだろうか。これはナラティブ・インクワイアリーを含め質的研究の難題である。質的研究における理解と解釈は，結局は研究者と研究参加者の間の間主観性のところに帰結される。質的研

究者が理解しようとしている対象は，理解を持っている主体であり，自分の経験と言動に対して自分の解釈を持っている。このような研究参加者を，研究者がどのようにその理解と言動と符号の意味を「正しく」理解し，そして，どのように研究参加者の経験をある「理論」という枠組みに抽象化・分類し，研究としてまとめられるのかは，質的研究の間主観性のジレンマであり，理解と解釈のジレンマでもある（鄭慶潔，2011）。

　呂徹（2004）では，ハーバーマスの，真理というものは，客観的世界と社会的世界と主観世界が相互に調和しあった結果であるという観点を引用し，この観点に基づけば，真理というものは，結局「主体間」がコミュニケーションを通じて到達した合意に帰結できるとされている。つまり，話し手と聞き手の間の話し合いに疑問や不一致な認識がある場合，三つの有効な「要求」に基づき，コミュニケーションをし，結局「合意」に到るのが善とされている。その三つの「要求」とは，「正当性要求」（rightness validity claim），「真理性要求」（truth validity claim），「誠実性要求」（sincerity validity claim）である。

　このなかに，話し手の聞き手に対する十分な配慮，話し手の自分の言明行為の結果に対する配慮，および，話し手の聞き手に対する責任が含まれる。これはコミュニケーション的行為の配慮倫理，責任倫理でもある。つまり，コミュニケーションする（研究の場合：「研究をする」）というのは，ただ真理を言明する客観主義的な行為ではなく，話し手と聞き手が合意に至ることを目標に，真理性要求と正当性要求，そして，誠実性要求などが含まれるコミュニケーション的な行為である。本研究の場合，まさに筆者は自分側の主観的世界に基づき「真理性要求」を目指そうとしていたのだが，それは涼子さんの主観的世界の「誠実性要求」との間にズレを生じていたのである。

5. おわりに

　筆者のケースで言えば，最初は，涼子さんの反応を重視し，研究の進度を落として，涼子さんと十分にそれについてコミュニケーションをし，2人が「合意」できる解釈に達すべきだった。涼子さんの反応を尊重し，またそれに慎重に対応することは，道徳レベルの倫理である。だが，どのように涼子さんを理

解するかという問題は，明らかに，「主体と客体という関係」として強調された研究方法論レベルの倫理問題ではなく，存在論の倫理学の問題である。筆者が，涼子さんをどこまで「正しく」理解できるかは，質的研究にまつわる存在論的な難題である。だが，難しいからといって，それを無視し，あるいは回避しては，もちろんだめなのである。たとえ筆者のように，最初はこの問題を十分に意識しなくても，研究が終わった2年後に涼子さんと再び話し合い，また，本稿のように，12年前に自分が「真理性要求」として出していた結論の過程を再び振り返り，吟味し，反省をするのも，あの章の真理性的言明に関して，今になって，再び涼子さんと，理解の合意に到達するためのコミュニケーション的な行為だと理解できよう。

このように，道徳レベルの倫理と手続き上の倫理問題を超え，実際の研究過程で起きる倫理問題にも真剣に応対することが，中国の質的研究分野のこれから努力すべき方向であろう。

参考文献

Ouyang, H. (2011). Bamboo shoots after rain: Educational anthropology and ethnography in mainland China. In K. Anderson-Levitt (Ed.), *Anthropologies of education: A global guide to ethnographic studies of learning and schooling* (pp. 255-278). New York: Berghaln Books.
黄盈盈・潘绥铭 (2009). 中国社会调查中的研究伦理―方法论层次的反思― 中国社会科学, *2*, 149-162.
郑庆杰 (2011). "主体间性―干预行动"框架―质性研究的反思谱系― 社会, *3*, 224-241.
文雯 (2011). 英国教育研究伦理的规范和实践及对我国教育研究的启示 外国教育研究, *8*, 87-91.
李玲 (2009). 论质性研究伦理审查的文化适应性 比较教育研究, *6*, 7-11.
吕微 (2004). 反思民俗学，民间文学的学术伦理 民间文化论坛, 3-8.

方法論としての調査倫理

田垣正晋

1. 研究者 – 協力者

　私は，李論文の李氏と涼子さんとのエピソードに着目したい。研究者と協力者との関係性は，「倫理問題」として議論される傾向があるものの，方法論の問題として考察したほうが，質的研究の発展に貢献する知見を生み出すことができると考えている。倫理問題という観点だけでは，研究者が協力者を搾取したのではないか，あるいは，協力者によるデータのチェックを義務化するか，などといった議論になる。李論文の3と4を読むと，この関係性を研究の目標という質的手法の理論的課題として検討するべきことを教えてくれる。

　李氏のエピソードには3つの要点がある。1つ目は，李氏は，涼子さんが優れた日本語教師であるにもかかわらず，同僚たちの中では，それが認められていなかったことを懸念し，涼子さんの実践の素晴らしさを論文において示そうとしたことである。2つ目は，このような記述は，涼子さんが「弱い」者であり，同僚が「強い者」という図式になり，涼子さんがこれに対して強い違和感を持ったと，李氏自身が予想したことである。同時に，涼子さん自身は，この李氏の図式への同意を明確には示してはいないものの，本文を読む限りにおいては，そのようである。3つ目は，博士論文の終了後，著者と涼子さんとがこのことを語り合い，涼子さんは笑い，李氏はこのやりとりに感謝したことである。

2. 「弱い」人の強みの強調がもつ危険性

　上記のエピソードは，日本語教師としての涼子さんと同僚に関する分析が，「弱い者」と「強い者」という図式から読み取られてしまう危険性があることを教えてくれる。もちろん，質的研究自体は，どちらかといえば社会的なマイノリティーという「弱い者」により着目し，そのような人々のたくましさや，人生の豊かさを示してきた。対象設定がなされない場合，研究自体が始まらないので，研究を開始する時点においては，「弱い者」という設定を操作的にすることはやむを得ない。だが，質的研究の操作的な設定が，研究の方向性とは裏腹に，協力者の「弱い者」というラベリングを固定化することもありうる。

　一方で，社会的に高く評価されている「強い者」の，「弱さ」や，偉大な業績とは相矛盾する部分に焦点があてられることもある。たとえばエリクソンは，学問上は生涯発達心理学や臨床心理学に多大な影響を与えたにもかかわらず，自らの障害のある子どもに冷たい態度をとっていたことが，彼に関する伝記的研究（Friedman, 2000）においては明らかにされている。このような研究が，偉人の名誉を傷つけるといわれることはあっても，「強い者」と「弱い者」とする関係性の観点から批判されることはあまりないだろう。この子どもとの関係性が彼の業績に影響を与えたという解釈も可能になる。

私は「弱い者」と「強い者」という図式がうまれないようにする手法を思いつかないが，研究者は，このような読み取られ方を念頭におき，弱さと強さ，あるいは，対象とする事象の否定的ないし肯定的側面の双方をバランスよく記述することは重要だろう。私自身の論考で述べているように，身体障害者のライフストーリーの研究においては，障害者の両価的側面を重視してきた（田垣，2014）。

3．論文が完成しても，研究は続きうる

　李氏論文の3に示された二人の違和感のやりとりを読むと，私は，李氏論文が博士論文全体の続編なのではないかと感じた。違和感は，著者自身による考察であり，涼子さんの言葉は，その分析に対するリプライである。しばしば，研究者と協力者のやりとりは研究プロジェクトに限ったものではなく，長い間続くといわれる（杉万，2006）。それぞれが長い人生を生きており，研究が契機となって関係性が始まる。研究プロジェクトはその一部分であり，研究論文はさらにその一コマといえる。このように考えるならば，李氏の博士論文自体が完成しても，著者と研究協力者のやりとりが続く限り研究は厳密には終らない。涼子さんの違和感の検討自体，李氏の博士論文の考察であり，このコメント論文は，李氏の博士論文に対するものでもある。

　李氏は，研究者と協力者との間に完全な「理解」はなく，お互いの合意をめざす過程であると記している。私は，この見解に賛同しつつも，不合意の合意もありうることを付け加えたい。協力者が，「私はそうは思わないが，あなた（研究者）からみれば，わたしのことがこのようにみえることはわかった」というようにである。不合意の合意に対する異論があるだろうが，研究者と協力者との関係性は，研究なるものの有り様の議論につながることは確実である。一連のエピソードは学術的考察がなされていないので，「あとがき」にすぎないと見なされるかもしれない。だが，こうした議論自体が重要なのである。その理由は，研究者と協力者との研究倫理に関する手続きが，学術論文の「方法」に記述されていることは，当該プロジェクトのデータ収集の文脈であることを意味していると考えられるからである。李氏の論文はこのことをあらためて考える契機になった。

Friedman, L. J. (2000). *Identity's architect: A biography of Erik H. Erikson.* Cambridge, MA: Harvard University Press.（やまだようこ・西平直（監訳）(2003)．エリクソンの人生 上・下―アイデンティティの探求者―　新曜社）
杉万俊夫（2006）．コミュニティのグループ・ダイナミックス　京都大学学術出版会
田垣正晋（2014）．脊髄損傷者のライフストーリーから見る中途肢体障害者の障害の意味の長期的変化―両価的視点からの検討―　発達心理学研究, 25,172-182.

■台　湾

第 10 章
「世直し」と「立て直し」の視点からみる台湾の寄付文化

李　勇昕（LEE Fuhsing）

1. 質的研究と私

　2011年3月11日東日本大震災が起こった。日本における地震，津波，福島第一原発事故による未曾有の被害が，世界中に衝撃を与えた。震災直後，台湾のメディアは日本の被災状況に注目し，連日報道していた。支援活動を行うために，台湾のNPOやNGOは被災地へ駆けつけた。同時に，台湾社会が東日本大震災へ寄付した金額は220億円を超え，世界一高額だと注目された。

　私は2011年から，日本と台湾における被災地の復興過程を研究してきた。日本でフィールドワークをする際に，「台湾に日本を助けてもらって，ありがとう」とよく感謝された。さらに，「なぜ台湾はこんなに親切なのだろう」と日本人にたずねられる。台湾人の文化として，寄付はあたりまえのことだが，日本人にとってはそうでもないことに気づいた。そこで，台湾の寄付文化はどのように形成されたのか，台湾人が寄付する理由は何か，また，台湾が日本に高額な寄付金を送る意義とは何かを考えるようになった。

　本研究は，以上の問題意識を明らかにするために，インタビュー調査および文献収集などの質的研究の手法をとった。これまでの寄付の理由や動機に関する研究は，量的研究が圧倒的に多い。しかし，量的研究だけでは，寄付という実践に関わる人々の語りの意味を深く探求できない。質的研究は，一見複雑かつ散乱している語りを論理的に読み解くことで，問題の答えが浮かび上がる。私はこのような質的研究の手法に魅力を感じている。

　本稿は，この質的研究のアプローチを用いて，台湾の寄付文化を論じる。まず，台湾社会における歴史や国際関係，政治，経済，信仰など，さまざまな要

素を把握する。次に，復興論における「世直し」志向と「立て直し」志向の2つの枠組みを用いて，台湾人の寄付に関する語りおよびその動機を考察する。

2. 台湾の寄付事情

　台湾と日本の寄付の習慣を比較すると，かなりの違いがみられる。台湾の2015年世界寄付指数は43であり，世界ランキング145か国の中で35位である[1]。同年の年間GDPは5235億ドルで世界26位である。1人当たりのGDPは16,942ドルであり，世界36位である。一方，日本の2015年世界寄付指数のランキングは102位であり，年間GDPは4兆1232億ドルで世界3位，1人当たり名目のGDPは32,485.55ドル，世界26位である[2]。つまり，台湾の収入や経済の発展は日本に劣るが，台湾の寄付習慣は日本より発展しているといえるだろう。

　寄付の範疇は広いため，本稿は，災害対応と復興に深く関わる災害寄付金を中心に議論する。国内の甚大な災害に関して，1999年9月21日の集集大地震（2,415人死亡，11,306人負傷）においては，約1.39兆円の寄付金があり，2009年8月9日のモラコット台風（699人死亡）は約963億円の寄付金があった。その後，2014年の高雄で起こった大規模ガス爆発事故（25人死亡，267人負傷）においては，170億円を超える寄付金が集まった。また，2016年2月の台湾南部地震（115人死亡，45人重傷）においては，約141億の寄付金があった。

　国外への寄付金の金額が常に上位である台湾は，近年世界に注目されている。第1節で言及したように，東日本大震災に対し，台湾が世界一高額となる220億円を寄付した。その後，2016年4月の熊本地震に対しても，2.2億円を送った。日本だけではなく，2015年のネパール地震の後，台湾は世界で二番目に高額である約2.2億を送金した。興味深いのは，東日本大震災への220億円を超える寄付金は，台湾国内の災害に対する寄付金と同程度の額であることである。

　台湾の研究者・林（2011）は，台湾人を対象に，台湾赤十字社に寄付する動

---

[1] 世界寄付指数2015より。
[2] 世界経済のネタ帳 http://ecodb.net/ranking/imf_ngdpd.html より（閲覧日 2016/10/25）。

機についてアンケート調査を実施した。その結果，被災程度と寄付する金額に正の相関があることが判明した。また，他国の先進程度が高いほど，寄付の意欲は低くなる。しかし，林の説明は，台湾が先進国の日本に高額な寄付金を送った現象と矛盾している。

蔡（2013）は，マスコミの報道記事，アンケート調査を踏まえ，台湾人の東日本大震災への寄付動機を調査した。その結果，台湾人は日本へ盛んに観光旅行しており，日本企業とビジネス関係を築くなど密接な交流が行われている点が寄付の理由であるとした。また，当時台湾のマスメディアによる震災に関する報道が過剰であり，日本の被災地の悲惨なイメージが構築されたことが台湾人の寄付の行為を促したという。しかし，上記の寄付の動機には，台湾社会にとってどのような意味があるのかについては，より深く考察する必要があるだろう。台湾国内の寄付習慣の醸成過程には，台湾の独特かつ複雑な社会的な背景が深く関係している。

3. 台湾の社会における寄付の理由と課題

(1) 寄付の理由

台湾において寄付の理由は，信仰，歴史，政治環境，マスメディアの影響などが深く関わっていると考えられる。以下の4つの面から検討していく。

①信仰面―因果応報の信念―

台湾の宗教信仰は，主に仏教，道教である。キリスト教，カトリック教，モルモン教，イスラム教などもある。宗教に対する観念が寛大であり，信仰心も根強いとみられる。基本的に，神様，寺への寄付習慣も古代から伝承されてきた。台湾人に寄付の理由を聞けば，仏教用語の「因果応報」に近い答えが多いように感じる。つまり，よい行いをすればよいことが返ってくるという強い信念が，社会に浸透しているのである。

②歴史面―孤立した国際的な地位―

台湾の国際関係における位置づけは，曖昧で複雑である。歴史においても，台湾という島が1つの国として認められたことはない。他国の統治権の交替により，民族も多様である。17世紀の大航海時代のオランダおよびスペインの植

民地化まで，原住民[3]が台湾で居住していた。1660年代以降，清朝に合併されたことで，大陸から台湾に移住した人口が増加した。1895年の日清戦争以降から1945年まで，台湾は日本の植民地になった。戦後，中華民国政府が台湾の統治を引き継いだ。その後，中華民国の国民党と中国共産党が内戦を起こし，それに敗れた国民党が台湾に逃げてきた。国民党が台湾を中華民国の基地とし，いつか中国本土へ帰還し，大陸反攻という宣言をした。当時の中華民国が，共産党の中国政府と対抗するために，中国政府と国交を結んでいる国との国交を次から次へと断絶した。そのため，現在台湾と国交がある国は21か国しかない。また，1970年代以降，国連から，中華民国としての国の主権を認められておらず，国際的に孤立した状態が現在に至るまで続いている。他方で，中国からは合併を強要されているなど，外交的に不安定な状況にある。そうした外交的な背景から，互恵の精神を重視する傾向が生じたと考えられる。つまり，他国へ援助していれば，いざというときはそのお返しとして海外からの援助を受けられるという考えがある。

③政治面―「弱い政府」対「強い民間」―

歴史的に，台湾は国際的に孤立し，国内においても，中国人，台湾人のそれぞれの国家主権に対するアイデンティティは分裂している。「中国帰還」を主張する人もいれば，「台湾人は台湾人のままで定着していく」と主張する人もいる。政治体制については，国民党と民進党という二つに分かれる意見を代表する両党がある。国民党の理念は中国に戻ることにあるが，民進党は台湾が台湾の主権を持つことを主張する。選挙は，日本人の想像を超えるほど白熱している。大統領，国会議員，県市，町村里の首長，代表，議員は，すべて直接選挙で選ばれる。投票率は70％を超えている。多くの台湾人は，自分の選挙権に，国，社会を改革できる力があると信じている。しかし，近年，国民党政権でも，民進党政権でも，台湾の不景気，高騰する不動産，貧富の格差の拡大等の社会問題に対処しきれていない。台湾人は，このような弱い政府にすでに失望の念を抱いている。頼りにならない政府に対し，台湾の民間は相対的に強い行動力を持っている。この特徴は，災害対応の場面ではよくみられる。たとえ

3「原住民」は台湾の少数民族であり，台湾では「原住民」と呼ばれている。差別語ではない。

ば，2009年8月のモラコット台風では，政府の対応の鈍さが露呈した。政府に対する不信感が高まるなかで，民間，NPO，企業が素早く救援活動を行ったり，物資を提供したり，募金したり，さまざまな手段で活躍した。

④マスメディア面—災害と視聴率—

台湾では，ニュース番組の視聴率獲得競争が非常に激しく行われており，このような「過当競争」（山田，2011）の影響によって，台湾のジャーナリズムは，商業主義，センセーショナリズムに走る傾向が強い。その中で，災害のような突発的出来事は報道番組が視聴率を取る絶好の機会である。甚大な災害の直後，連日のニュース番組で取り扱ったり，また公益広告を繰り返し流したりしている。東日本大震災の場合，マスコミの過激な報道により，日本が立ち直れていないという悲惨なイメージを構築したことが寄付行動につながった点を蔡（2013）が指摘している。つまり，防災大国という日本のイメージが揺らいだのである。メディアは被災地の様子を報道することだけではなく，社会に寄付行為を積極的に呼びかけている。たとえば，ニュース番組は政治家，企業主，芸能人といった有名人の寄付金額をランキング形式で公表している。さらに，東日本大震災の一週間後，2011年3月18日に5つのテレビ局が連携し，共同的に大型チャリティ番組「相信希望」（訳：希望を信じる）を放送した。政治家および芸能人からの寄付の呼びかけを通じて，3時間以内で33.7億円を集めた。

(2) 寄付の課題

このように，個人としては，良いことをすればいいことがあるという信念を基盤に，また，社会的には，孤立した国際的な地位，変動し続ける政権，政府に対する不信感および過度にセンセーショナルなメディア環境が，台湾の寄付文化を醸成したといえる。しかし，その中で，多くの課題が存在している。以下の2点から説明する。

①被災者の主体性を奪う「復興」

寄付は，援助者が金銭を一方的に援助される者に交付する行為である。その中で，無意識的に権力と支配関係が生じうる。しかも，援助される側がこのような善意に，反抗できなくなってしまう。さらに，このような支配的な関係には，被災者の主体性を奪う危険性が潜んでいる。たとえば，モラコット台風直

後，NPOが復興住宅を建設し，無償で被災者を移住させた。その意図は，被災者に危険なところから離れ，より良い生活が送れるところにある。しかし，多くの問題が発生した。たとえば，被災者の住居への希望や生計が軽視されたことである。また，災害以前のコミュニティが復興住宅によって解体され，元の生活に戻れなくなった。このような被災者の主体性を無視し，一方的に被災者の生活を改善しようとする「世直し」（第5節で詳しく説明する）政策は成功したとは言えなかった。

②寄付金の運用計画性の欠如

台湾の政府，支援組織の寄付金運用状況，計画性の無さは長年の問題である。とくに，災害直後，膨大な寄付金を持つ支援組織，団体は，被災者に現金を配ることがよくみられる。しかし，それは産業の復興には役に立たない。台湾の研究者・李と王（2011）は，日本の復興事例を参考にし，寄付金を持続可能な事業に投入するべきだと指摘した。

4. 寄付行為の社会的意義と東日本大震災

以上，台湾の寄付文化の背景とその課題について俯瞰した。以降で，台湾人の寄付行為の2つの語りを具体的に紹介し，寄付という実践の社会的意義を考察する。

(1) 事例①　A氏「より良い世界になってほしい」

A氏[4]は，筆者の台湾の友人である。A氏は台北市内在住，30代の女性会社員であり，月に20万円ほどの給料をもらっている。彼女は寄付に熱心である。彼女のこれまでの寄付対象は，国内外の災害，アフリカの子ども，困窮者，野良犬，さらに，コウモリを守る組織など，多岐に及ぶ。2015年11月8日筆者が彼女にインタビューした。彼女の寄付の理由は以下である。

4　A氏は筆者の台湾人の友人であり，豊富な寄付習慣を持っているため中国語で1時間ほどのインタビューを実施した。日本語に翻訳したのは筆者である。

自分の給料は少ないけど，世の中で自分より不幸な人，あるいは守るべき動物に関する情報が入ると，かわいそう，助けてあげたい気持ちが生じる。もちろん，寄付金だけでは，根本的な問題を解決できないと知っている。しかし，被災者，動物が死んでしまうかもしれないから，お金で助けてあげたい。もう一つの理由は，より良い世界になってほしいからかな。

(2) 事例② W氏「一刻も早く本来の生活に戻ってほしい」

次の事例は，2014年3月10日に朝日新聞の朝刊で掲載された投稿である。投稿者は台湾人の日本語学校生B氏20代である。以下に投稿内容を引用した（下線は筆者による）。

〈題目「台湾人の私，東北へ今も寄付」〉

　　2012年，台湾から大阪へ留学に来ました。（中略）震災直後，台湾のニュースで地震の映像をみて，岩手県にある世界最大級の防波堤が耐えられず，町に津波が入り込んだことを知りました。福島の原子力発電所が爆発する恐れがあると伝えられていました。恐ろしく，とても現実とは思えませんでした。

　　あれから3年経ちますが，東北の被災地の皆さんはどうしていますか。最初の1年はよく報道されましたが，情報はどんどん少なくなってしまいました。今日も雪が降るかもしれません。被災地で生活する皆さんはちゃんと暖かい所に住めていますか。まだ，どれくらいの人が仮設住宅に住んでいるのでしょうか。地震と津波は一生忘れられない悪夢だと思います。私は今でもコンビニの募金箱に硬貨を入れます。一刻でも早く本来の生活に戻ってほしいです。

この2つの事例は，台湾人が寄付する目的および意味をそれぞれ表現している。2つの事例の共通点は，寄付は，世の中への主張と希望を表現する手段であることである。この点について，台湾国立師範大学マスコミュニケーション研究所准教授胡綺貞[5]が「多くの台湾人は，自分が関心を持つ政治，社会，文化などの議題に対する寄付をするのが，社会的責任の実践だと思っている」と指摘した。興味深いのは，2つの事例が，寄付する対象への主張と希望が異な

5　2015/11/7のインタビュー内容による。

る志向で現れることである。事例①のA氏の寄付は、「より良い社会になってほしい」という、現在の状況を改善し、さらに社会の革新を達成するための未来への志向である。一方、事例②の留学生B氏の寄付の志向は、東日本大震災の被災者に、新しい生活ではなく、「本来の生活に戻ってほしい」という、過去の状態を目指し、回復するための願望である。この2つの寄付実践の志向は、中井（2013）および矢守（2009）が提起している日本の災害復興における「世直し」と「立て直し」の2つの志向を用いて考察できると考えられる。

5．「世直し」志向と「立て直し」志向

　「世直し」とは、江戸時代に出現した言葉である。震災前の社会の腐敗、衰退に対し、災害を、禍を福に転じる概念とした。つまり、抜本的な「新規まき直し」の意味である（中井，2013）。具体的な例として、1923年関東大震災の後、後藤新平が提案した「帝都復興計画」である。災害を機に、都市化に向けて、幅広の道路の建設、公共用地の区画整理など震災前できなかったことを実施した。しかし、このような抜本的なやり方は、当時の日本人に猛批判され、決して成功したとはいえなかった。

　日本においては、「『世直し』路線は『立て直し』路線にくらべて、よりひ弱であり、より幻想的である」と中井（2013）は指摘する。矢守（2009）が中井（1982）の言葉を引用し「手近なもの、具体的なものから出発するというのが『立て直し』路線の根本原理である」と説明した。復興過程において、被災地は「前の生活」、「元の様子」など計画的に復旧、復興することを目指す志向である。また、「防災大国」である日本は、次にいつ到来するのかわからない災害に向けて、これまでの災害を徹底的に検討し、「災害対策基本法」、「被災者生活再建支援法」などの政策を綿密に制定した。ハード面、そして避難訓練、災害対応マニュアルなどのソフト面が世界の防災をリードしている。

　台湾は、日本と対照的であり、「立て直し」志向にくらべて抜本的な「新規まき直し」の「世直し」志向に近いだろう。第2節で言及したように、台湾は歴史上、次から次へと外来の独裁政権による支配を受けてきた。現代の社会において、国民党と民進党の政権交替が激しい。災害復興の場面からいえば、モラ

コット台風の復興住宅の例のように，被災者は新しい生活を強いられる。また，常に変革がある台湾社会は，政府より，人々自身の力を信じている。事例①のように，「より良い世界になってほしい」という自分の力で禍を福に転じる信念が強い。

「世直し」志向が強い台湾の支援団体と「立て直し」志向が強い日本の間で，寄付金の使途にズレが生じることもある。台湾人にとっては，モラコット台風の被災者に無条件に援助することが当たり前のことであるため，日本の被災者が支援を長時間待ち，ローンを組み，自力で町を再建することが理解しにくかった。東日本大震災の後，台湾の支援団体が日本のある被災地で小学校を無償で創設する提案をしたが，現地の住民に「自立更生したほうが，長い目で見て日本人の『誇り』につながる」と言って断られた（金子，2011）。

しかし，台湾は完全な「世直し」志向だけではない。現在の台湾社会は，これまで分裂していたアイデンティティ，主権を再構築しようとするプロセスの最中にある。人々は，定着してきた台湾の民主主義を基盤にし，台湾という土地で安心して暮らしていく方向性を模索している。つまり，抜本的な「世直し」を受けてきた台湾人は，計画的な「立て直し」志向を目指している。その「立て直し」志向のモデルは，日本である。台湾人の中では，常に安定的かつ秩序的な日本を意識している。たとえば，東日本大震災の直後，台湾のネットでは，被災地の秩序とNHKの報道の冷静さを称賛し，台湾のマスコミおよび支援団体の無秩序を批判した。

事例②のB氏が，投稿の中で，自身の寄付を被災者により良い生活になってほしい，あるいは台湾と日本の友好関係をつなぐというような「世直し」志向の「禍を福に転じる」，抜本的な発想はみられない。むしろ，B氏は東北の現状（雪，寒い，仮設住宅）を苦慮し，被災者に「一刻も早く本来の生活に戻ってほしい」と日本人の本来の生活（「立て直し」志向）を肯定する。

台湾が東日本大震災に寄付したというのは，リアルな日本ではなく，台湾社会が想像の「『立て直し』志向のモデルとしての日本」と言っても過言ではない。台湾のメディアによる東日本大震災についての過熱報道が，日本の立ち直れないイメージを構築した。しかし，「『立て直し』志向のモデルとしての日本」が回復できないと，台湾社会の「立て直し」志向のまなざしが失われてしまう恐

れがある。台湾の東日本大震災への寄付金が台湾内部の災害で募金された金額と同程度である理由はここにあるのではないか。東日本大震災への寄付行為は，単に海外への支援活動だけではなく，台湾社会の安定的な発展を求めるための社会実践として考えられる。

　本稿は「世直し」志向を決して否定的に捉えていない。「世直し」志向には，台湾人の独特なダイナミックな力を示している。台湾の社会にとって，さまざまな社会問題を解決するために，日本が示してくれる安定的，秩序的な「立て直し」の志向と台湾本来の「世直し」志向をうまく活用，統合することが今後の課題と挑戦であるのではないだろうか。

参考文献

朝日新聞社（1879-2016）．記事データベース「聞蔵Ⅱビジュアル」1879-2016年　http://database.asahi.com/library2/（情報取得 2016/10/25）
金子昭（2011）．東日本大震災における台湾・仏教慈済基金会の救援活動―釜石市での寄付金配布の取材と意見交換から―　宗教と社会貢献, 1 (2), 73-80.
李宗勳・王文君（2014）．我國政府災後重建的合理社福角色與風險分擔之實證研究 10　警察行政管理學報　pp.21-39
林秀芬（2011）．國人重大災害募捐行為之研究―以中華民國紅十字總會為例―　国立政治大学経営管理研究所修士論文
中井久夫（2013）．新版 分裂病と人類　東京大学出版会
蔡弘澤（2013）．國際災難事件捐款行為之影響因素初探―以東日本大震災為例―　中国文化大学新聞暨傳播學院新聞學系修士論文
山田賢一（2011）．自由化による過当競争が招く事業免許紛争―台湾衛星テレビチャネルの事例から―　放送研究と調査, 61 (9), 94-101.
矢守克也（2009）．防災人間科学　東京大学出版会

文化としての寄付行為

伊藤哲司

　筆者の李旉昕さんは，防災心理学などの分野で長く日本で活躍をしている気鋭の若手研究者である。東日本大震災後に，被災地のひとつとなった茨城県東茨城郡大洗町との関係を深め，そこに足繁く通い，息の長いフィールドワークを展開している。茨城大学に勤める私自身，幾度か大洗町で同行させていただいたことがあるのだが，アニメの「ガルパン」ブームに沸く大洗町で，李さんは2番目に有名な台湾人となった，と私は思っている（最初は「もっとも有名な台湾人」と言っていたのだが，李さん曰く「一番有名なのはテレサテンです」と）。防災ゲーム「クロスロード」大洗編の作成・実践をはじめ，町役場や商店街の人々，漁業関係者など，多くの大洗の人たちと良好な関係をつくり，原発事故の風評被害の問題を「羅生門問題」として捉えた好論文もある（李・宮本・近藤・矢守，2014）。街中を彼女が歩けば，「あ，李さん！」とあちこちから声がかかる。

　そんな日本の地域にも入り込み馴染んだ関係をつくるセンスをもっている李さんが今回著したのが，この論考である。台湾の人々が概して「親日」であることはよく知られているし，日本人にとって台湾は，もっとも身近な「外国」のひとつである。多くの日本人が台湾観光を楽しんでいるし，食べ物も美味しく，人当たりも概して柔らかいということを実感している。「ひとつの中国」というタテマエから日本は台湾を「国」としては認めておらず，台湾と日本には「国交」がないということはほとんど意識しないまま，台湾のたとえば夜市（ナイトマーケット）を訪れてみたいと思ったりする。

　しかし台湾は「親日」だけでは語れない。かつて日本が植民地にした地域であり，映画「セデックバレ」（2011年。日本公開は2013年）で描かれたように，日本統治時代の1930年（昭和5年）セデック族による抗日暴動である霧社事件が起きている。小学校の運動会がその舞台となり，支配に不満を募らせていたセデック族の人々が日本人だけを襲ったのがこの事件である。ほぼ同時代に台湾の農業水利事業に大きく貢献した八田與一のような日本人もいたが，その銅像の頭部が切り取られるという事件が，2017年に入って起きている。それでも日本語世代と呼ばれる年輩の台湾人たちは，日本の教育を受けたこと，日本人の先生にお世話になったことを，むしろ好意的に語る人も少なくない。

　このような日本に対して案外複雑な事情を内包した台湾が，東日本大震災の折には，世界でもっとも多くの寄付を集めたという。その背景が，李さんの論考からうかがい知ることができる。そこにはまず，信仰，歴史，政治環境，マスメディアの影響の4つがあると指摘されている。すなわち「因果応報の信念」「孤立した国際的な地位」「『弱い政府』対『強い民間』」「災害と視聴率」である。あえて日本と大きく異なる点は何かと考えれば，歴史（孤立した国際的な地位）と政治環境（「弱い政府」対「強い民間」）であろうか。

とくに興味深いのは，政治環境である。2014年3月に学生や市民が立法院を占拠した社会運動（ひまわり学生運動）は，同年11月の統一地方選挙での国民党の大敗，馬英九国民党主席の辞任へとつながった。一方日本では，2015年夏に，安全保障関連法案に反対する学生や市民が国会議事堂前などで反対の声を上げ続けたが，結局法案は可決され大きな政変へとは直結しなかった（この文章を書いている2017年7月現在，他の問題も相まって政党支持率が大きく下がり，今後の情勢がまだ見通せない状況ではあるが）。「頼りにならない政府に対し，台湾の民間は相対的に強い行動力を持っている。この特徴は，災害対応の場面ではよくみられる」と李さんは指摘する。

そして寄付行為についての2つの語りが紹介され，「社会的責任の実践」と思われている寄付行為が，そこでは異なる志向，すなわち「世直し」と「立て直し」で現れているという。前者は台湾，後者は日本での志向に沿っていると考えられるものの，「抜本的な『世直し』を受けてきた台湾人は，計画的な「立て直し」志向の良さに気づき，それを取り入れようとしている。その『立て直し』志向のモデルは，日本である」という指摘は興味深い。そして台湾人がみているのは，リアルな日本ではなく，台湾社会が想像する「『立て直し』志向のモデルとしての日本」であるという。

そのあたり，私には実感として今ひとつ掴みづらいのであるが，日本へのある種の憧憬と，それとは対照的な自負心やプライドというものが絡み合っているのであろうか。「親日」一辺倒では語れない台湾の事情を考えれば，そんなことにも思いが及ぶ。

寄付という行為が「文化」にまでなっているという台湾。この「文化としての寄付行為」という切り口からも，台湾と日本のみならず，似ているようで異なる東アジアの多様性を読み解いていく鍵のひとつがあるように思えてきた。

李旉昕・宮本匠・近藤誠司・矢守克也（2014）.「羅生門問題」からみた被災地の復興過程—茨城県大洗町を例に— 質的心理学研究, 14, 38-54.

第11章
国際結婚家庭における母親の母語継承に関する価値観
―台湾でのインタビューからみえてきた現状と課題―

黄　琬茜（HUANG Wan-Chien）

1．質的研究と私

　台湾の国際結婚の課題に関心をもったきっかけは，十数年前に，ある友人から，東南アジア出身の女性と結婚した後，妻とコミュニケーションをうまく取れなかったり，妻が突然家を出て行ったりしたせいで離婚し，自分と家族が一緒に子育てをしているという事例を聞いたことである。これを聞いた私は，友人の小さい子どもが気の毒だと思い，そのような国際結婚に対してネガティブな印象をもつようになっていた。それ以来，その子どもへのしつけや教育はどうすればいいだろうかと，気がかりであった。そのため，台湾の国際結婚に関する研究を始めた。

　当初は調査のため，多くの質問紙項目を作ったが，実際に東南アジア出身の女性配偶者に会い，話をきくと，質問紙調査で調査対象者本人の考え方や気持ちを理解するのは難しいとわかった。そのため，方法を改め半構造化インタビュー法を用いると，予想外にも，その調査対象者は子育てのことだけではなく，台湾に来てからどのような困難や問題に遭遇したかということまで，隠さずに私に話してくれた。それから，インタビューを通した質的研究こそ，人の心に寄り添うことができると信じるようになった。東南アジアからの配偶者に接すれば接するほど，彼女らの人柄の良さがたくさんみられたため，自分の過去のネガティブな印象もポジティブな印象に変わった。

　本稿では，台湾の国際結婚で生じた新しい課題を紹介する。およそ13～15％が国際結婚という台湾での問題，とくに，言語や文化の継承についての問題をもとに，国際化について考えることは意義があることではないだろうか。

本稿では，国際結婚の先進国である台湾における，母親の母語の継承に焦点をあて，その国においてマイノリティである言語や文化の継承の問題について考えていく。

2. 多言語多文化の台湾社会と国際結婚

　現在，台湾の人口は約2,300万人で，国民の大多数を占めている中国本土からの移民と，17世紀中期に福建省や広東省から渡って来た閩南人，客家人および，戦後，国民党政権と共に中国各地から来た「外省人」と呼ばれる人々，さらに，元来台湾に住んでいた十数族の原住少数民族などからなる（詹，1996；稲垣，2005）。戦後，国民党政権が登場した後，台湾の「国語」は中国語として強制されていた（藤野，2008）ため，公共の場では中国語しか使えなかった。その言語政策が，1987年の戒厳令によって解除された。その後，2000年に民進党が政権を取ってから，台湾にもともと存在していた「郷土言語」が台頭し始めた（陳，2008）。現在，台湾社会では，中国語はもちろん，閩南語（別称「台湾語」），客家語，それぞれの原住民のことばの使用が一般的であり，さまざまな言語を混合して使う状況も非常に多い。

　さらに，近年の国際化に伴い，台湾は国際結婚が急速に増加している。50〜60年前から，台湾の社会経済的変化，および女性の社会進出が始まり（黄，2015c），また十数年前からは，台湾の女性の未婚化，晩婚化，非婚化が進行している。このような社会情勢の中，一部の台湾男性は結婚が難しくなり，また後継者不足の問題から，結婚相手として台湾女性だけではなく外国籍の女性も，その対象となってきている。その中でも，東南アジアや中国本土出身の女性，すなわち「外籍」の配偶者との国際結婚を求めるケースが，2000年頃から急増した。現在，その現象は少し緩和しているものの，国際結婚の外国人配偶者の数は48万人に達し（台湾戸政司，2013），その子どもである「新台湾之子」は20万人を超えた（教育部統計処，2015）。しかし，4, 5年前まで，台湾社会は彼女たちやその母語や文化を受け入れていなかったようである（黄，2012, 2014, 2015b）。

3. 抑圧された「外籍」の配偶者の母語

　上述のように，当時の台湾社会は彼女たちにネガティブな批判が多かったということだけではなく，その夫や子どもにまでも悪い影響が及んでいた。その影響のひとつとして彼女らの言語の問題があった。さらに，この問題をマスメディアが大きく報道した影響で，「外籍」の配偶者は母語の使用が抑圧され，母語はタブーだと見なされていた（張，2004；夏，2005）。そしてそれは，その後，母親の母語が子どもの初期の言語発達に悪い影響を与えるわけではないという研究が多く示されてきたにもかかわらず，台湾社会はそのステレオタイプをなかなか変えなかった。公共の場だけではなく，「外籍」の配偶者は家の中でも母語をあまり使えていないという状況が，飯田（2008）や黄（2012，2014）や薛（2015）などの研究によって明らかにされている。

　しかし，そのような「外籍」の配偶者の母語が抑圧されている状況は，この4，5年前から徐々に好転してきたようである。その転機としては，教育部（日本の文部科学省にあたる）と内政部（日本の総務省，外務省にあたる）が，2012年に「全国新住民たいまつプログラム（全国新住民火炬計画）」を策定し，「外籍」の配偶者の母語と文化を支えるさまざまな具体的活動を小学校に導入し始めたことであると言えよう（黄，2015a，2016a）。また，その頃から，大学では東南アジア言語の教育課程を次々と設け，企業も東南アジア言語が話せる人材を狙って募りつつあると多く報道されているため，東南アジアの諸言語が徐々に注目されてきていると考えられる。それらのことから，近年，台湾において，明らかに東南アジアの言語が重要な位置づけになってきたと再認識することができる。

4. 母親自身が考える母語継承──43名のインタビューから──

　このように考えると，台湾の国際結婚家庭における東南アジア出身の母親が，子どもに母語を継承しているかどうか，現状を把握することは重要である。言い換えれば，この4，5年の間，東南アジア出身の母親の，自分の母語に対する意識や認識，あるいは価値観がどのように変化しているのか，母親自身のこと

表 11-1　東南アジア出身の母親に関するフェイスシート（黄，2016b，簡略化）

出身国	人数	年齢平均（範囲）	結婚年数の平均（範囲）	アイデンティティ			本文中のCODE番号
				出身国	台湾	どちらでもない，半分ずつ	
ベトナム	21	37.4 (31-46)	12.5 (9-17)	11	8	2	V1-V21
インドネシア	9	37.9 (34-45)	13.7 (10-17)	4	4	1	I1-I9
タイ	5	40.0 (37-45)	18.2 (10-24)	5	0	0	T1-T5
カンボジア	5	32.4 (31-33)	11.8 (10-13)	5	0	0	C1-C5
ミャンマー	2	43.5 (38-49)	23.0 (17-29)	2	0	0	B1-B2
フィリピン	1	42.0	17.0	1	0	0	P1
合計	43	37.6 (31-49)	13.9 (9-29)	28	12	3	

ばから検討することが必要ではないだろうか。黄（2016b）は，先行研究（黄，2012，2014）を踏まえ，台湾において43名の母親一人ひとりに半構造化インタビューを行った。インタビュー対象の母親の出身地等は表11-1の通りである。

インタビューで得られた発話をもとに，母語の継承に関する母親の価値観・意識を「継承型」「変化型」「断念型」と分類した。本稿では，「継承型」の中でも母語継承に対して高い意識があり，かつ積極的に行動していると考えられる母親（「高意識−積極的行動」）と高い意識があるにもかかわらず，行動としては消極的な母親（「高意識−消極的行動」）を対比させながら考察する。また母親の葛藤が非常によく表れていると思われる「変化型」についても述べる。

(1) 継承型のパターンⅠ：高意識から積極的行動へ

今回インタビューをした東南アジア出身の母親43名のうち，母語継承に対する高い意識をもち，実際に家で子どもに母語で話していたり，意図的に母語を教えていたりする母親が15名いた（表11-2）。

第1に母親の価値観として読み取れるのは，「言語の価値の肯定」である。東南アジア出身の母親は子どもに母語を教えることや，子どもが母語を学ぶことには，「仕事に役に立つ（V4, V9, V13, T3）」「言語能力が一つの技能だ（B1）」「ことばがたくさんできればいい（V21, T2）」「母国へ帰ったら便利だ（V7）」あるいは「子どもが無料で母語を勉強できる（V1）」という価値があると考えていた。

表 11-2 「継承型」における母親の価値観と意識（黄，2016b，一部改変）

(1) 高意識から積極的行動として継承

価値観	具体例
①言語の価値の肯定	【該当する母親の CODE 番号：V1，V4，V7，V9，V13，V21，I1，T2，T3，B1】 ・言語がたくさんできたら，仕事に役に立つと思うので，子どもに小さい頃から母語を教えている。子どもはもう一つの言語ができれば，もう一つの技能をもつことができると考えている（B1母親）。
②人間関係	【該当する母親の CODE 番号：V1，V4，V5，V6，V7，V9，V11，V13，V21，I1，T2】 ・子どもとベトナム語でコミュニケーションを取るのは重要だ。彼（子ども）はそこ（ベトナム）へ帰ったらコミュニケーションを取ることができるわ。家族だけではなく，そこでどこでもコミュニケーションができる。便利だ（V7母親）。
③アイデンティティ	【該当する母親の CODE 番号：V1，V5，V9，V21，T3，B1】 ・子どもがあなたのことを認める場合，（あなたを）受け入れる。でも，子どもがあなたの母語を勉強しない場合，あなたを受け入れないと思う（V1母親）。
④母語の社会環境	【該当する母親の CODE 番号：V6，I6，T1，T2】 ・インドネシアへ帰った時，時々，うん～インドネシアは「排華（華人を排斥，差別すること）」だ。そして，税関は意地悪や嫌がらせをしてきた場合，あなた（自分の子ども）が字が読めれば，相手（税関）の話が正しいかどうかを判断することができるとか……。子どもが税関に騙されることを心配する。インドネシア語ができたら，税関に騙されない。（←インドネシアは「排華」だから，税関で華人に対して粗探しをしたり，お金を取ったりすることがよくあるようだ。）（I6母親）。

(2) 高意識から消極的行動として継承

価値観	具体例
①台湾の家族の反対	【該当する母親の CODE 番号：V12，V15，T4，C1，C5】 ・前は義理の母と一緒に暮らしていた時，義理の母は子どもが台湾で中国語だけではなく，台湾語（閩南語）も，また英語の勉強も必要だが……カンボジア語はこちらで役に立たないと言った（思った）。実は，私は義理の母が本当に心配したのは，もし母語を教えたら，いつかカンボジアへ連れて帰ってしまうのではないかということだと思う。そう，その安心感という問題だった（C1母親）。
②個人の問題	【該当する母親の CODE 番号：V2，V10，I2，T4，C1，C3】 ・子どもは小さいとき，私に母語を教えてくださいと要求してくれたが，どこから教えたらいいのかわからない……。（略）その後，私は仕事で忙しくて……家でカンボジア語をほとんど話さなくなった（C3母親）。
③母語学習環境	【該当する母親の CODE 番号：V17，V19，I7】 ・子どもの小さいころ，（母語で）話したが，その後，もう通じなくなった（から）。（でも）後に，私はベトナムに帰ったら，彼（子ども）を遊びに連れて行って，ベトナムでのコミュニケーションを，彼はお婆さんから学んだ。彼（子ども）は，そこへ行って，友だちから学ぶと，話せる。お婆さんから，自らすすんで学んだ（V17母親）。
④子どもの学習意欲	【該当する母親の CODE 番号：V10，V15，P1】 ・家で簡単なことばを言っている。シャワーを浴びる，ご飯を食べるとか。でも，子どもがすきではないので，そのくらいのことばだけを使っている。正式に母語を教えていない（P1母親）。

2つ目は「人間関係」である。「母語で母親の家族や母国の人々とコミュニケーションを取ることが大事だ（V5, V7, V11, V13, V21, T2）」「子どもや家族と母語でコミュニケーションを取ると、距離がより一歩近くなる（V1, V6, V9）」「自分の感情を伝える（V4）」という母語でコミュニケーションを取るメリットが挙げられる。

3つ目は「アイデンティティ」である。「母語を教えることは母親の責任だ（T3）」「母親は何々人だから、子どもに母語を教えるのが当たり前だ（V5, V9）」「子どもは母の母語を学ぶということでこそ、母のことを認める（V1）」という自分のアイデンティティを絶対に子どもに継承してもらう（V21）ような母親がいた。

4つ目は「母国の社会環境」である。「台湾で母語を教える仕事をするため、子どもに母語を教えることは当然だ（V6, T1）」という母語を教える社会的役割をもっている母親がいた。一方、「子どもは母語ができたら、母国へ行く時、騙されにくい（T2）」「母国には『排華』問題があるから、母語を継承することが重要だ（I6）」という母国の社会や政治問題に関わる意識もあると考察される。

(2) 継承型のパターンⅡ：高意識から消極的行動へ

次に東南アジア出身の母親43名のうち、13名の母親は母語継承に対して、重要で大事だと思うという高い意識をもっているが、なんらかの事情や原因で、積極的に子どもに母語を教えていない。あるいは、家で母語をあまり使っていない（表11-2）。

1つ目の価値観として「台湾の家族の反対」があげられる。義理の親に、自分の母語が「変なことば」と思われたり、台湾では自分の母語が必要ではないとされたりする（V12, V15, T4, C5）ことや、将来孫に会えなくなる心配がある（C1）、という理由で反対される。あるいは、夫の反対（V12）によることもある。

2つ目は「個人の問題」である。「仕事が忙しい（C3, V2, C1, V10）」、「母親の自分の勉強のため（C1, T4）」、「母語の教え方がわからない（C3）」、「母語を学習するタイミングの配慮（I2）」など子どもに母語を教えることや話すことを徐々にしなくなっていた。

3つ目は「母語学習環境」である。母親（V17, V19, I7）は，母語を教えることや話すことより，むしろ子どもの母国の母語の言語環境で自然の流れに任せ，母語を習得する方が速いという母語継承の考え方が変わっていた。

4つ目は「子どもの学習意欲」である。子どもが母語に興味をもたない場合，母親は子どもの意思を尊重するしかない（V10, V15, P1）。

母親の母語継承に対して，高い意識をもっているが，さまざまな現実問題を妥協せざるをえないという葛藤が明らかになった。この葛藤が先ほど述べた積極的行動としてはあらわれず，むしろ母語継承に対して，結果的に消極的行動となっている大きな原因ではないだろうか。

(3) 変化型

葛藤という点に着目すると，以下に述べる「変化型」も興味深い。「継承型」と異なり，家庭内の母語を継承する過程において，母語の教授を中断したり再開したり，あるいは途中から始めたりするという事例を論じる。東南アジア出身の母親43名のうち，7名が「変化型」に属している（表11-3）。

この「変化型」が「継承型」と大きく違う点は，近年の台湾政府の母語継承を積極的に推進する政策が大きく関連している点である。つまり，これらの母親は政府の母語の推進政策からの直接的または間接的な影響を受けてから，家庭内で意識的に母語を継承し始めている（V14, V15, I3, I4, I5）ということ

表11-3 「変化型」における母親の価値観と意識（黄，2016b，一部改変）

価値観	具体例
①母語継承政策	【該当する母親のCODE番号：V14, V15, I3, I4, I5】 ・母語なら，正直に，この2年前から意図的に教えている。政府が母語を教えることを推進することで，母語が大事だと気づいた（I3母親）。
②妨げる要因の消失	【該当する母親のCODE番号：V8, V15, V18, I4】 ・以前，義理の両親と一緒に暮らしていたので，いくら母語を教えようとしても，全然できなかった。義理の母は，私の孫がインドネシア人ではないので，彼らにあなたのそこのことばで話さないで，と怒鳴って言った。（その後），義理の両親と一緒に暮らさなくなった時から，少しずつ母語を教えている。今，彼ら（子どもたち）は，"ありがとう"とか，生活上の"ご飯を食べる"，"寝る"などが話せる。文はまだだけれど，単語は大丈夫だ（I4母親）。

である。また，母親 I4，V8，V15，V18 は，子どもに母語を教える意識をもっていたが，かつては家族の反対で教えられていなかった。しかしその後，母親 4 名とも，その母語継承を妨げる要因がなくなってから，母語を教え始めている。つまり，母親が母語継承に対する意識を高くもつきっかけさえあれば，母語の継承意識から具体的行動を起こしやすいということがわかる。

5. 子どもはどのように捉えているのか

　では，「外籍」の配偶者と結婚して生まれた「新台湾之子」と呼ばれている子どもたちは，母親の母語継承についてどのように考えているのだろうか。黄（2014）は，11 名の「新台湾之子」に対して，母親の母語や故郷についてインタビューを行った。5 名の子どもが肯定的な回答で，6 名の子どもがやや消極的な回答であった。

　11 名のうち 5 名が，母親の母語や文化に対して興味や関心を持っていることが示された。彼らの母親の母語には，東南アジアの言語や，中国の郷土言語（四川語，湖北などの方言）があった。子どもたちへインタビューをした時，とくに，母に関する話題を楽しくたくさんしてくれたことからもわかるように母親の母語や文化を学習する意欲が高いと思われる。

　それに対して，母親のことばの学習が難しいことや母親の文化に興味がないと思う子どもも 6 名いた。子どもたちの母親は，普段子どもへ母語を教えたり母国の文化を伝えたりする意識が希薄であるため，その子どもも母親の母語や文化を学習する意欲が低くなると示唆されている（詳細については，黄，2014）。さらに，母親が普段忙しく，子どもに十分に関われない場合，子どもは，母親のことば・文化に無関心になるという実情が明らかにされた。

6. 母語継承における課題

　本稿でみてきたように「外籍」の母親は，家庭内で実際に子どもに母語を教える場合に，義理の親から母語で話したり孫に教えたりしないように言われるなどの困難や問題に向き合う必要があることがわかった。とくに，多くの事例

から，母親自身というよりは，その家族の方が母語継承の決定権をもっていると言えよう。

しかし，台湾の家族の反対がない場合でも，母語がうまく継承できない状況も多かった。上述の「新台湾之子」のインタビューから，子どもが，たとえ母親の母語や故郷に対して肯定的な感情をもっていても，母親に「母語」を教えてもらえないという実情があった。その大きな原因は，母親が自分の仕事や他の問題で，母語継承に対して消極的な姿勢を取っているためである。つまり，仕事などの現実に向き合うことと母語を継承することの狭間で母親が葛藤し，現実的に子どもに母語を教えることや文化を伝えるための時間や余裕がないために，結果的に母語を継承できないということが明らかになった。その一方，多くの母親は「言語の価値」を認め，台湾政府の母語継承の推進政策によって間接的または直接的な影響を受けたため，子どもに母語を意図的に教え始める場合もある。このことから，近い将来，台湾の国際結婚家庭において母親の母語が使用される状況が，より一般的になることが期待できる。

引用文献

藤野陽平（2008）. 台湾キリスト教の歴史的展開―プロテスタント教会を中心に― 哲学, 119, 295-336.
飯田美郷（2008）. 台湾における外国籍配偶者の言語使用意識と母語継承意識 東海大学日本語文学系修士論文
稲垣スーチン（2005）. 台湾における小学校英語教育の実施状況と問題点 言語と文化, 4, 125-131.
厚生労働省（2016）. 我が国の人口動態 http://www.mhlw.go.jp/toukei/list/dl/81-1a2.pdf （2016年10月17日取得）
陳依玲（2008）. 語言教育政策促進族群融合之可能性探討 教育研究与発展期刊, 4, 223-249.
黄琬茜（2012）. 台湾における「外籍」と呼ばれる母親の子育てに関する価値観―養育態度と言語・文化の継承に焦点を当てて― 同志社大学大学院修士論文
黄琬茜（2014）.「外籍」の配偶者のもつ文化とことば―その家庭への影響と伝播― 教育文化, 23, 63-85.
黄琬茜（2015a）. 台湾の新移民女性の母語に関する教育方法―「たいまつプラン」における言語教材― 日本グローバル教育学会全国研究大会第23回発表 ニュースレター, 22, 11-12.
黄琬茜（2015b）. 新移民女性に対する社会的評価の類型―台湾における国際結婚の心理学的研究を通して― グローバル教育, 17, 50-63.
黄琬茜（2015c）. 台湾における共働きの母親の養育態度の類型―社会変化による影響― 評論・社会科学, 114, 67-84.
黄琬茜（2016a）. 台湾の「たいまつプログラム」にみる言語の教育方法―『新住民母語生活学習教材』の分析― 評論・社会科学, 117, 180-199.
黄琬茜（2016b）. 台湾における東南アジア出身の母親の母語継承に関する意識と行動 比較文化研究, 124, 73-88.
教育部統計処（2015）. 新住民子女就讀國中小學生人數及占比 http://stats.moe.gov.tw/chartweb/Default.aspx?rptvalue=p1 （2016年9月19日取得）
内政部戸政司（2013）. 我國與外籍人士結婚統計 http://www.immigration.gov.tw/public/

Attachment/41317233963.xls(2016 年 3 月 30 日取得)
夏曉鵑(2005).尋找光明—從「識字班」通往行政院的蜿蜒路— 不要叫我外籍新娘(pp. 12-48) 左岸文化出版社
薛百雯(2015).我的孩子為什麼不說越南話?—從生態系統論探究影響越南籍新住民子女母語學習動機的因素— 國立暨南國際大學修士論文
詹秀娟(1996).香港・台湾の歴史と言語事情 新潟産業大学人文学部紀要, 5, 33-52.
張明慧(2004)新移民女性的母職困局—"新台湾之子"発展遅緩論述的緊籠咒— 世新大学社会発展研究所修士論文

他国の先駆けとなる多角的な研究

沖潮（原田）満里子

1. コミットできるテーマの選択と方法

　黄氏が台湾の国際結婚の課題に関心を持ったのは，身近に国際結婚におけるうまくいっていない事例を耳にし，とくにそれらの子どものしつけや教育等に関心を寄せたからだという。しかし，これがただの興味本位であれば，長いこと情熱を注いで研究を継続するということは困難であろう。研究テーマの決定は研究活動の第一歩であるが，これをしっかりと決めることがまず難しい。黄氏は台湾における国際結婚の課題に出会い，継続してこの研究に取り組んでおられる。研究開始当初は，質問紙調査を中心に行っていたという。しかし，それに限界を感じ，インタビューに方法を変更したことで，黄氏が知りたかった調査対象者本人の考え方や気持ちを聞き取り，寄り添うことが可能になったということである。方法の選択は，いかに自分が知りたいことにたどり着けるかどうかの問題であるため，黄氏の調査方法の変更は自然な流れだったのだろうと思う。

2. 台湾の国際結婚における母語継承の問題

　外国籍のなかでも東南アジアや中国本土出身の女性が台湾の男性と結婚して台湾社会で暮らすというケースが多いということだが，そのような女性に対する批判は多く，彼女たちはマイノリティとして抑圧されてきたと黄氏は述べている。それによって彼女たちは母語を使用できない状況が続いていたのが，2012年になり彼女たちの母語や文化を支えようとするプログラムが策定されたことを皮切りに，彼女たちの母語の位置づけが変化したという。

　こうした劇的とも言える変化の只中において，当事者である母親たちはどのように母語継承・教育に向き合っているのかを黄氏は43人に対してインタビュー調査をしている。論考では，「継承型」（積極的行動・消極的行動に分かれる）と「変化型」に焦点を当てているが，いずれの語りも興味深い。とくに継承型の消極的行動と，変化型に分類される母親のそれぞれが抱える戸惑いや葛藤が伝わってくる。黄氏の研究は，現代の変わりゆく社会情勢をテーマにしており，台湾社会や台湾での教育を考えるにあたり，非常に有意義なものだろう。

3. トライアンギュレーション

　黄氏の研究でまた特筆すべきは，「新台湾之子」と呼ばれる，国際結婚夫婦の間に生まれた子どもに対しても調査を実施しているところだろう。母親の語りだけではなく，実際に母親の母語教育を受ける対象であるその子どもが，それに対してどのような考えを持っているのかを明らかにするのは非常に重要なことである。また，その研究結果は，ゆくゆくは政策への提言につながる可能性も秘めているだろう。

このように，母語継承の問題に対して母親と子ども双方の考えを調査するやり方はトライアンギュレーションのひとつである。トライアンギュレーションとは，ひとつの研究において複数の方法を取り入れるやり方のことを指す。たとえば観察とインタビューといった複数のデータ収集をしたり，黄氏の研究のように母親へのインタビューと子どもへのインタビューといった異なる対象へ調査したりするような，多面的なアプローチをとることである。こうすることで，問題に対するより厚みのある多角的な研究結果が得られることになる。黄氏の研究においては，父親に対しても調査を実施することで，家族がどのように母親の母語継承について考えているのか，その実態や取り組むべき問題をさらに明らかにすることが可能となるかもしれない。

4. 日本への転用可能性

　日本でも，経済連携協定（Economic Partnership Agreement）により，とくにアジア地域から，さまざまな分野において外国人の受け入れが盛んになっている。日本で働く外国人労働者は2016年に100万人を超えた（厚生労働省,2017）。外国籍の人口が増加すれば，国際結婚も増加すると考えられ，黄氏の論考にあるような，国際結婚における言語の課題はさらに身近なものになるだろう。たとえば日本国内では，方言をどう子どもに伝えるか伝えないか，という問題も類似するものとしてすでにあるかもしれない。黄氏の研究は，国際結婚の先進国である台湾における問題を扱うものであり，その成果は日本の状況にも転用可能性のあるものとして評価されうるだろう。

厚生労働省（2017）.「外国人雇用状況」の届出状況まとめ（平成28年10月末現在）http://www.mhlw.go.jp/stf/houdou/0000148933.html（アクセス日2017年8月1日）

第 12 章
ロックの飛地からヘテロトピアへ
―台北と北京のレジェンドライブハウス―

簡　妙如（JIAN Miaoju）
訳：李　勇昕（LEE Fuhsing）

1. 質的研究と私

　2012年7月15日の午後から深夜まで，100人以上のファンとインディーズミュージシャンが台北の「師大公園」の近くにあるライブハウス「地下会社（Underworld）」に足を運んできた。いつものにぎやかな雰囲気と違い，今回は「地下会社」の「サヨウナラライブ」のため，悲しい，怒りの気持ちが漂っていた。「地下会社」（以下「地社」とする）が営業中止を公表してからの1ヶ月，ファンと音楽関係者が自分のFacebook，ブログ，SNSに地社に関する思い出の文章を書き込んでいた。多くの文章の内容は，地社の価値と重要性に関することであった。興味深いのは，地社のことを台湾のCBGB[1]，1970年代のニューヨークのレジェンドライブハウスとして比喩する表現があったことである。また，ファン，ミュージシャン，ライブハウスの経営者らが政府の無能さを訴え，文化部長（訳注：日本の文化庁長官相当），政治家，マスコミにインディーズ，サブカルチャーへの関心を求めた。
　ライブハウスのロック，インディーズは，メジャーのマーケティングよりはるかに狭い。しかし，都市には，インディーズのファンが「家」「居場所」のようにいられるライブハウスが必ず存在する。欧米圏の研究者は，すでに都市部におけるサブカルチャーのミュージックを研究してきた（Shank,1994; Straw,1999）。彼らは「シーン」（scene）という言葉で，都市部におけるインディーズ，少衆音楽の空間，群体，そしてスタイルと象徴の意義を描写する。「シ

---
[1] CBGBとは，1973年にニューヨークで創立されたライブハウスである。ニューヨーク・パンクとニューウェーブの発祥地，そしてロックの音楽史の聖地と言われている。2006年に閉店した。

ーン」とは，特定の空間の中で，特定のコミュニティが創ったミュージックスタイル，アイデンティティとその変容のことである。「シーン」はローカル独特の一面がありながら，グローバルな普遍性を有する一面もある。私は，レジェンドと呼ばれるライブハウスに関心を持っている。レジェンドのライブハウスとは，都市に存在する，代表的な，人々に深く記憶される空間である。ライブハウスがレジェンドになる理由は，アクセスしやすい，あるいはおしゃれな装飾など物理的な要素ではなく，その空間にいるミュージシャン，独特なミュージックスタイル，雰囲気，そして次世代に伝承するヒストリーなどである。私は本稿を通じて，なぜこれらのライブハウスがレジェンドになったのか，なぜ消えたのかを考察する。

　本研究の事例について，私が把握しやすい東アジアの都市，台北と北京を選定した。1つは台北の地下会社，もう1つは北京のD22である。この2つのライブハウスは現地のCBGBと呼ばれ，現時点では閉店している。2010年から2015年まで，台北と北京でフィールド調査を実施した。研究の手法は，ライブの現地調査，文献収集である。また，この2つのライブハウスの意義を理解するために，バンド，経営者，イベントの主催者，ファンにインタビューした。私はこれらの関係者の語りから，ライブハウスの歴史を理解したい。フィールドで知識を構築し，カルチュラルスタディーズの批判的な思考を導き出す。このような少衆，アンダーグラウンドな対象のデータを収集するにあたり，質的研究を選択することは妥当と言える。

　私の研究手法は，いつも同僚にうらやましがれる。ライブでファンに化けるし，うるさく，たまにおかしな爆音を浴びることはよくあった。また，ライブが終わっても帰らずに，深夜まで居残ってミュージシャンやファンとおしゃべりしたりしていた。そのせいで終電を逃すことも日常茶飯事であった。以上が，ミュージックのシーンというサブカルチャーの研究方法である。フィールド調査では研究者自身の参与観察を重視する。フィールドに入り，現場の言葉を理解し，現場の雰囲気を体感する。次に，部外者（ファン）と部内者（ライブハウス関係者）の身分を往復しながら，問題点と脈絡を整理する。その次に，報道者，あるいはストーリーを語る人のように，観察と論点を描き出す。これが私の質的研究方法である。次節から，ライブハウスのストーリーを紹介してか

ら[2]，論点を述べる。

2. 東アジアの都市におけるレジェンドのライブハウス

　2010年から，私好みの台湾と中国のインディーズバンドが，なぜかいつも同じライブバーで出演した。そのライブバーとは先に挙げた2つのライブハウスである。これらの共通点は，規模が小さく，50〜200人の入場制限があることである。そして，内装と音楽設備はまったく新しくなかったが，インディーズミュージックのコミュニティから「一番好きなのは地社」，「私たちはいつもD22でライブやる」などの好評を得ていた。しかし，2012年に私が北京に行った際に，D22はすでに営業を中止していた。同年に地社も休業の宣告を出した。その後地社は一時期復活したが，2013年に，正式に幕を閉じた。この2つの場所は「死亡」したが，人々の記憶の中で「生きている」。さらに，独特な形式で存在している[3]。

(1) 台北，地下社会（1996-2013）

　1990年代に学生運動に参加したことのある青年たちが，1996年にライブハウス「地社」を創立した。地社は，台北市大安区の師大通りに位置し，台湾師範大学，台湾大学，台北科技大学など大学が周りにある。1996年から2000年まで，地社は文芸サロンとして位置づけられ，ライブはたまにしか開催されなかった。当時の地社は，学生運動家，作家，外国人の「家」と言っても過言ではなかった。彼らは地社のことを台湾の方言で「会社」と親しみを込めて呼んでいた。店内ではDJがいつも独特の趣味の音楽を流していた。その音楽はコアなロックファンにしかわからなかった。1999年から地社はライブを常態的

　2　地下会社とD22の二つのライブハウスの背景については，すでに英語の論文で発表した（Jian, 2017）。しかし本稿の問題意識，インタビュー内容および結論について，英語の論文とは異なり，すべて新しい内容である。

　3　地下社会は，史料として，2015年台北の「造音翻土」ギャラリーで出展した（羅ら，2015）。D22は，すでにピザ屋になったが，2016年に同店がミュージシャンの記念ライブを開催した。また，台湾のバンド「1976」が2009年に「地下社会」という歌を作り，地社の重要性を記念した。北京のバンド「ハリネズミ（Hedgehog）」が2012年に「伙計們真搖滾，那天我也在D22」を作った。

2. 東アジアの都市におけるレジェンドのライブハウス　133

図 12-1　台北「地社」のライブの模様（2012 年 11 月 23 日　作者撮影）

に開催しはじめた（図 12-1）。

　2000 年に入り，台湾の第一世代と第二世代のロックバンドはすでに 10 年以上発展した。これらのバンド，たとえば濁水渓公社，骨肉皮，五月天，閃霊などが，アンダーグラウンドのスタンスからオリジナルなロックを作っていた。彼らのスタイルはポップ，パンク，ブラックメタルなどである。彼らは中国語あるいは台湾語で歌詞を作り，人気を博した。この時期から，大手音楽会社が「バンド時代」と呼び，バンドをメジャーのミュージックマーケティングに導入した。

　地社は，これまでなかったスタイル，つまり前衛的ニューミュージックとバンドを育てはじめた。地社の株主の一人，DJ の林士堅（Randy Lin）が新人バンドの CD を発行するため，2000 年に「実幹文化（SCUM）」を設立した。傘下のバンドは，台湾の初女子パンク「Ladybug」，ポストロック「Sugar Plum Ferry」，イギリスロック「1976」などである。また，これらのバンドは水晶インディーズ・レーベルを通じて売り出された。これらラフかつパワフルなパンクあるいは実験音楽のバンドが，主に地社の狭くてボロボロの地下室で演奏した。地社のプロデューサー小搖（ニックネーム）が「当時皆が骨肉皮のことを好きだった。Ladybug と骨肉皮は憧れのバンドだった。……それから濁水渓公社が人気になった。……いわゆる第三世代バンドは，みんな水晶インディーズ・レーベルのやつを聴いていた」と話した（2015 年 2 月 1 日）。これら多元的，アイディア満載の音楽ブームが，台湾の 2000 年代の第三世代，第四世代を

育成した。

　地社の黄金期は 2000 年から 2005 年までである。毎週の水，金，土曜日にライブが開催された。ライブの内容は，種々のスタイルのバンドの出演，DJ テーマパーティなどであった。当時の新人バンドの最も憧れているライブハウスは，地社だといっても過言ではなかった。また，若者たちが地社のライブが終わっても帰らず，地社で朝まで飲んで遊んでいた。そして，いつの間にか彼らもバンドを組み，舞台に立つようになった。

　バンド名「薄荷葉」のボーカル林倩が「地社はとても楽しくて，自由な場所だった。機材はボロボロだし，音声もよくなかったけど……楽しかった。ある日浸水で床がダメになった。浸水のせいで漏電した。ギターを弾いていて電流が指に流れてきた（笑）……しかし，こういうことは The Wall で起こったらその場でキレるけど，地社だから，まあ，地社らしい，面白かった……」(2010 年 2 月 25 日，インタビュー内容) と話した。同バンドのドラマー鄭凱同は，「地社はインディーズの実験的，粗雑な精神を保っていた」と評価した (2010 年 2 月 25 日，インタビュー内容)。

　地社の独特な雰囲気は「地社トーン」と呼ばれた。また，舞台の上と下にいるミュージシャンとファンが，「地社組」と言われた (何，2015)。彼らは，日常生活とは異なった感覚，体験と価値観，そして自分の青春時代を「シーン」として共有／共感した。彼らの地社に対するアイデンティティの変容も「シーン」の一部であった。

　2000 年代の後期から，社会の環境が変化した。2000 年から，台北市市庁が入場料無料の年末カウントダウンコンサートを毎年開催した。これまで知名度の低かったロックバンドがライブの実力を持つため，大衆向けのカウントダウンコンサートの常連の出演者になった。この変動により，インディーズ系のバンドはサブカルチャーのコミュニティから抜け出した。また，台北市では地社以外に，ライブハウスの数が増えた。その中で，4 大ライブハウスと言われたのは，Witch House，The Wall，Riverside，および地社である。ライブハウスは，都市部における中産階級の一般的な嗜好の選択肢であった。ライブハウスの人口が増加するとともに，規制の法律も増えた。2007 年，喫煙規制に関する法律が通った。飲酒運転への規制も以前より厳しくなった。これらは，たばことア

ルコールの売り上げの減少，ファンとミュージックのスタイルの変容をライブハウスにもたらした。

　地社の株主兼 DJ，また音楽社会学の研究者何東洪は次のように感歎した。「反対デモの 2012 年以前の 2 年前から，来客数はもう少なくなっていた。お客がバンドをみるだけ，バンドが終わってから皆帰ったの。誰も居残ってお酒を飲まなかった……来ても古参者，若者は飲まない，おしゃべりもしなかった……」（2015 年 2 月 1 日）。

　他方で，台北市では 2004 年から，都市の更新事業が始まった。地社がある師大夜市の区域が，都市更新のホットスポットであったため，お店と人口が激増した。この 3～4 年間，200 軒のお店が 700 軒に増加した。不動産の価格と賃金も上がった。中産階級の住民の居住環境が悪化し，その不満を政府に訴えた。政府が免許を持たない店舗に圧力をかけた。地社は，飲食店の免許しか持たなかったため，取り締まりの対象になった。同時期に，政府が「文化創意産業」（訳注：デザインやアートの関連事業）を推進し，公的な土地を民間に貸し出し，800 人から 1500 人の中型ライブハウスを建設した。そこで，バンドは小規模の地社をやめ，規模が大きく，設備も最先端のライブハウスで出演するようになった。

　2012 年から，地社は営業登録の違反警告，消防安全法の違反罰金など次々と受けた。地社の関係者が反対デモを行い，400 人以上のミュージシャンと支持者の声援を受け，マスコミの報道と文化庁長官の関心を得た（張，2012）。それにもかかわらず，社会の規制が厳しく，2013 年に地社の終焉を迎えた。

(2) 北京，D22（2006-2012）

　2006 年に D22 が北京五道口で開店した。D22 のスタートは地社より 10 年遅れた。このライブバーは，最大 200 人が入場できる。2006 年は北京オリンピック（2008 年）の直前で，海外のニーズに応じるため，中国はさまざまな事業を進めていた。D22 はこの潮流に乗り，タイミングに恵まれていた。五道口には，北京大学，清華大学，北京航空大学，外語学院などエリート大学があり，学生，留学生など若者が大勢いる。このエリアは，若者のサブカルチャーの萌芽地と言われている。D22 の創立者はアメリカ人の Michael Pettis であ

る。彼は2002年にアメリカから北京に移住した，北京大学のマネジメント学部の兼任教授，金融専門の作家である。D22を創設したきっかけは，彼が北京のロックライブで，ある魅力的な新人バンドに出会ったことである。彼はポテンシャルを持ち，舞台がないバンドを育てるための空間をつくりたかった。その後，これらの新人バンドのCDを発売するために，インディーズレコード会社Maybe Marsを創立した。

　北京のインディーズロックシーンは，D22設立の10年以上前に誕生していた。1980年代後半から，崔健，「魔岩三傑」など第一世代のロックスターが現れ，知名度が高かった。しかし，第一世代のロックは小規模のライブの発展へとくに影響しなかった。1990年代以降，中国のロックが細分化した。インディーズはロックスターとは対照的に，周辺的，異質的なカルチャーのシンボルであった。この時期から，多様な小規模なロックライブが萌芽した。五道口で，有名なライブバーが続々と開店した。たとえば，亜夢，Busy Bee，開心楽園，Scream Club，Riverなど。1996年から2006年まで，五道口のライブバーは中国のインディーズロックの聖地であった。また，これらのロックシーンはマスコミで登場することなく，一般社会に公開されなかった。

　バンド「P.K.14」のボーカル楊海崧が「D22は最もいいタイミングで最もいいことをした……2005年，2006年頃，北京が世界中に注目された時期だった……D22は別にすごいことをしたわけではなかった。亞夢，Screamとかもいた。ただ報道されなかっただけ……D22とScream，開心楽園の共通点は，お客に家のような感覚を与えること。そこで何をしてもいいし，いつでも行けるし，受け入れられるし，暖かく守られていた。そこはあなたのコミュニティのようだった」と当時のライブハウスを評価した（2015年4月5日）。

　2006年以降，D22が北京のロックシーンの一員になり，一気にファンの注目を浴びた。D22の自由奔放な，にぎやかな，前衛的なスタイルが，北京の多くのライブバーの中で目立った。特筆すべきは，Maybe Marsがつくったバンドの音楽が，「中国の若者の代弁者（Voice of Young China）」をスローガンにし，海外と本土の音楽関係のメディアに大々的に報道されたことである。Maybe Marsの傘下のCarsickとP.K.14といったバンドは，海外にまでファンを持っていた。同時に，北京オリンピックと中国経済情勢の向上によって，多くの中

規模のライブハウスが北京でオープンした。たとえば，Star Live，愚公移山，および 2007 年に日本出資の Mao Live など。これらのライブハウスの規模は D22 より大きく，およそ 500 人から 2,000 人が入場できる。設備も充実し，アクセスしやすく，集客に力を入れた。その時期から，海外の都市と同様に，ライブハウスは北京の若者の夜の娯楽になった。このような大衆向けのトレンドの中で，前衛的なミュージックスタイルが定着した D22 が，あえてインディーズコミュニティに愛されていた。「今 MAO に行かない理由は，このようなクラブを支持しないからだ。MAO は自分がいいと思うバンドを選んで，ほかの新人にチャンスを与えなかった……俺たちは D22 でやるの……来客は少ないかもしれないし，入場料も安い，でも俺たちは D22 が好き」（楊海崧，2012 年 5 月 1 日）。

D22 のミュージックスタイルは，Carsick Cars，刺蝟，后海大鮫魚，嘎調など新生代のバンドによって決まった。彼らは，1970 年代のニューヨークのインディーズバンドに近い。彼らは実験系とポストロックに属し，英語の歌詞を歌い，騒音を扱った。ファンが彼らに抱く共通感覚は「中国のバンドではなく，欧米圏のバンドに近い」である。これらのバンドとそのファンが，「中南海一代」と呼ばれ，中国のロックのニュージェネレーションの代表であった（耳東，2014）。また，バンドは英語と中国語でネット，ソーシャルメディアで自己 PR し，グローバル化と多様化を目指していた。

D22 は当時毎週火曜日に実験的なライブ「燥眠夜（Zooming Night）」を開催していた。前衛的な音楽に挑戦したいミュージシャン，学生，アマチュアなど全員が舞台に出られる。もちろんアドリブも許される。入場料は無料または 30 人民元（約 480 円）であった。収入が少ないため，D22 の経営状態はずっと赤字だった。閉店の年は一時期黒字になったが，2012 年 1 月に，D22 の店舗の賃貸契約の期限切れもあり，幕を閉じた。2012 年 5 月に，Maybe Mars が北京市の中心部の鼓楼（訳注：地名）で，XP というライブバーを設立した（図 2）。

しかし，当時の中国のミュージックのシーンは，すでに変化があった。D22 と XP は，特定のインディーズミュージシャンのユートピアの存在に特化し，一般のファンにとって近づきにくかった。評論家兼ミュージシャン顔峻如は「D22 は若者の最低限の抵抗の表象だった…それは，『…（つまり）実際そんな

図 12-2　北京の XP のライブの模様（2012 年 5 月 1 日　作者撮影）

に伝えたいことがあるわけじゃないけど，消されるのはいやだ…』。XP はボロボロで，バンドも目立たない」と評価した（2015 年 4 月 5 日）。

　また，中国のライブのシーンは，サブカルチャーとマイナーから抜け出し，メジャーの商業化と産業化に進もうとした。2008 年，中国の大手インディーズレコード会社「摩登天空」が，国内外の資金を得て，イチゴフェスと年に 200 回のライブハウスの開催によって，ライブを中国の音楽産業の主流になった。ライブ人口の増加によって，中国の政府が，ライブの開催場所の合法，制度の管理に対する意識が高まった。2014 年から XP は政府の目にとまり，しばしば手入れを受けるようになった。そもそも正式な場所での営業ではなかった XP は，2015 年 7 月，ついに廃業した。

3．結論──ロックの「飛地」から都市の「ヘテロトピア」へ──

　地社と D22 の共通点は，レジェンドのライブハウスとして認識されたことである。その特徴は，経営は下手だが，店の雰囲気，ミュージックスタイルと関係者の気質が独特である。そして，この 2 つのライブハウスがサブカルチャーの代表として，都市の歴史をつくった。楊海崧が指摘した通り，「すべてのシーンは規律であった。最初は遅いアンダーグラウンドの状態，あまり知られていなかった。そして，一旦有名になったら，シーンは終焉を迎える。この規律は繰り返して，宿命なのかな」（2015 年 4 月 5 日）。

3. 結論—ロックの「飛地」から都市の「ヘテロトピア」へ—

　これらのライブハウスは，東アジアの都市におけるロックの飛地（enclave）と考えられる。ここの飛地というのは，もちろん都市にあるライブハウスが他国の領土を指す意味ではない。ここの飛地は，2つの意味がある。まず，そもそも，東アジアのロックは，西洋のロックの植民地である。東アジアのバンドは，独特な音楽言語，美学のシンボルおよびテイストを活用し，欧米圏あるいは世界中のロックをパフォーマンスする。次に，この2つのライブハウスのミュージシャンとファンが，東アジアの都市にいる一般住民とは異なり，「西洋」のライフスタイルをもつ。レジェンドライブハウスは一般社会に疎遠・排除された飛地として比喩できるのではないだろうか。地社，D22がレジェンドになったのは，あえて大衆向けではなく，異質で前衛的なミュージックスタイル，そして下手な営業スタイルなどの特徴があったからである。そして，厳しい社会環境で生き残れないことも，レジェンドの特徴である。

　ここで，都市におけるロックの飛地としてのレジェンドのライブハウスは，非現実的なユートピアと言われる。しかし，ユートピアとは，実在せず，想像上のパラダイスのような場所である。レジェンドのライブハウスは，リアルな場所として，都市の一部に所在していた。そのため，ユートピアという言葉を使って，レジェンドのライブハウスを解釈するのは適切ではないかもしれない。

　ここで，フランスの哲学者フーコーの「ユートピア的身体／ヘテロトピア」の概念を引用し，レジェンドのライブハウスの意味と価値を考察していきたい（Foucault, 1984）。フーコーは，人類の文明において，日常的な機能が発達していない「ヘテロトピア」空間の存在が必ずあるという。「ヘテロトピア」は一枚の鏡のように，その中の幻影によって真実を映し出す。図書館と博物館が時間，歴史の累積を収集しようとすることは「ヘテロトピア」である。フェスティバル，リゾート地も「ヘテロトピア」と言えるのだろう。しかし，フェスティバル，リゾート地は図書館や博物館のように永遠を追求することはなく，絶対的な，瞬時的な存在を追求する空間である。フーコーは，「船」を例にして，「ヘテロトピア」を解釈した。フーコー曰く，船のようなフロートな，固定的な場所がない空間は完璧な「ヘテロトピア」である。船としての「ヘテロトピア」は，16世紀以降，ヨーロッパの国が植民地を探すために，発展した文明である。船は経済を開拓するツールでもあり，人間の想像を受容する象徴でもある。

「もしいつか私たちの文明から船が消失したら，夢がなくなる。秘密検挙が冒険に代わり，警察が海賊に代わる」（Faucault, 1984）。

　レジェンドのライブハウスは，都市の「船」のように，私たちの想像を受容し，自由自在にフロートする「ヘテロトピア」である。もちろん，ライブハウスは，時間を累積している。たとえば，写真，ポスター，壁，トイレの落書き，天井とテーブルの角に残ったタバコの痕など。ライブハウスでは，ミュージシャンが冒険を実現でき，瞬時的な素晴らしいパフォーマンスをする。その空間におけるすべてのシーンは，人間のさまざまな幻想を象徴し，同時に，現実の生活の苦しさと耐えがたさを映し出している。

　我々の都市の発展は，ジェントリフィケーションを志向すればするほど，秩序が強化される。そのため，社会もライブハウスに対し，普通の営業店舗と同様に，政府の管理と監視が必要と要求する。この時点では，ライブハウスは「船」ではなく，ただのライブの開催地である。ライブハウスのヘテロトピアとしての特徴，それが保っていた想像力もなくなってしまう。

　最後に，本稿では地下社会とD22の事例を通じて，東アジアの都市の物語を考察してきた。私が悲しむのは，これらのレジェンドのライブハウスが消失しただけではなく，我々の想像力も消失しつつあることである。これが問題の所在である。

参考文献

Foucault, M. (1984). Of Other Spaces, Heterotopias. *Architecture, Mouvement, Continuité, 5*, 46-49.
Shank, B. (1994). *Dissonant identities: The rock'n'roll scene in Austin, Texas.* Hanover : Wesleyan University Press.
Straw, W. (1991) Systems of articulation, logics of change: Scenes and communities in popular music. *Cultural Studies, 5* (3), 361-375.
耳東（2014）．中南海一代（2014 Edition）　百度百家　http://erdong.baijia.baidu.com/article/5815（2015年3月25日）
何東洪（2015）．獨立音樂的情感認同與危機―「地下社會」的生與死―　羅悅全（主編）造音翻土―戰後台灣聲響文化的探索―（pp. 138-143）　立方文化
張心華（2012）．無「法」適從地下社會傳告歇業獨立樂界籲―live house 要正名―　苦勞網http://www.coolloud.org.tw/node/69540（閲覧日：2014年12月23日）

心の「宿場」としてのライブハウス

李　暁博（LI Xiaobo）

　簡氏の「ロックの飛地からヘテロトピアへ―台北と北京のレジェンドライブハウス―」という論文を読みながら，地社とD22がそれぞれ何を意味しているもので，なぜそれぞれ，台北と北京という都市部のレジェンドになっているのか，などについて考えた。

　簡氏がそれぞれ台北と北京のライブハウスでフィールドワークを行い，バンド，経営者，イベントの主催者とファンなどにインタビューを行い，地社とD22の発祥から消えるまでの歴史を語ってくれた。この二つのライブハウスの存在を，簡氏は，フーコーのヘテロトピアの概念を引用し，それを都市の「船」だとたとえ，都市で生活している人間たちの想像と夢が受容され，また，そこで自由にフロートできる「ヘテロトピア」であると解釈している。よって，簡氏はこの二つのライブハウスの消失を名残惜しんでいる。

　私にとって，興味深いところは，地社とD22がそれぞれ台北と北京という違う都市にあるし，存在年数も，発展の経緯も少々異なるのに，意味しているものがほぼ同じだということである。

　北京と台北はそれぞれ中国内陸と台湾のレジェンド都市であり，政治・経済・文化の中心でもある。そこにトップクラスの大学や会社などが集まる。地社もD22も大学が集まる場所，つまり「大学街」にある。バンドやロックなどは音楽ではあるが，東アジアにおいては，前衛的だと思われる西洋のシンボルでもある。思想がトレントで，普通とは異なる何かをしたがる若い大学生たちにとっては，魅力的なところになりやすい。

　そればかりではなく，簡氏が文中で分析した通り，地社もD22も，それぞれ各自の独特の文化と雰囲気を持ち，想像される音楽バーや高価で正統的なバンドの演奏地と全く異なる文化と雰囲気を持っている。値段が安く，個性が許され，自由が感じられ，成長につながるという文化と雰囲気は，ある意味では，都市生活の「日常」と異なる「非日常」である。地社とD22が好かれる要因は，音楽そのものよりも，この「脱日常化」の文化と雰囲気にあるといえよう。簡氏はこれを「ヘテロトピア」と呼んでいる。ミクロ的な視点からみると，地社とD22の意味と価値は，簡氏が述べる「想像と夢が受容されるヘテロトピア」である以外に，管理される秩序整然な日常生活に対する対抗というところにもある。人間は外の世界に対して，ある意味では抵抗しつつ成長するものである。とくに思春期の若者にとって，抵抗イコール自己成長ともいえるぐらい大切な役割を果たすものである。一見して均一な生活をしている大都会では，他と区別できる，自分に属すところを有したく，自分だけに属すからこそ，そこで「自己」が発見されたり，自己成長ができたりする。これが，地社とD22に行く人たちが，そこを自分の「家」だと思う要因の一つかもしれない。

この意味で考えると，地社とD22は台北と北京という大都市の中の一種の「異質的空間」だけではなく，そこに通う人間たちの成長に伴う，心の「宿場」でもあるかもしれない。「宿場」であるから，一時は止まっても，いつかは過ぎ去るに違いない。だから，地社とD22が消えても，惜しむことはない。大都会では，違うところで，違う形で現れているからである。
　これが，私が簡氏の論文を読んで，考えたことである。

■ベトナム

第 13 章
ハロン湾筏ハウス住民移転プロジェクトと漁民の文化および生計の変化

グエン・ティ・トゥ・フオン（NGUYEN Thi Thu Phuong）
訳：ホー・ティ・ミン・フオン（HO Thi Minh Phuong）
グエン・トゥイ・アン・トゥー（NGUYEN Thuy Anh Thu）

1. 質的研究と私

　私は，ベトナム国立芸術文化研究所で働いており，20年以上文化研究に従事している。自分の研究では，質的研究法ではなく，量的研究法を用いてきた。しかし，2011年8月にベトナム社会科学院東北アジア研究所で行われた「人間科学とフィールドワーク」のワークショッププログラムに参加した際に，伊藤哲司教授が発表した「みる，きく，しらべる，かく，かんがえる」を通して質的な研究方法を知った。私にとって，それは2011年から現在までの研究の新しいアプローチになった。

　文化と生計は住民の人生に影響を与える2つの要因である。とくに，少数民族や漁民のコミュニティは，グローバル・国家・地方の政策を練る過程において非常に脆弱な対象である。30年の革新，国際地域統合の後，ベトナムは平等強調と文化多様性の尊重，貧困削減上の大きな功績を上げたが，コミュニティの開発の持続可能性・効率に影響する多くの欠点も現れた。文化的資本を排除し，伝統的な生計形式をきちんと検討しないため，一部の住民，とくに避難した住民に悲観的で心理的な劣等感を引き起こし，住民コミュニティの生活に大きな変化をもたらした。そこで，ハロン湾の筏ハウス住民移転提案の影響下にある漁民コミュニティで調査を行うために，質的研究法を使用することにした。

2. ハロン湾筏ハウス住民移転

　本研究では，現場における詳細なインタビューや観察などとともに提案の実

施・開設過程の検証を通し，ハロン湾の漁民の文化および生計の変化に影響を与える可能性のある政策動向について検討した。

地方政府の視点や主張は次の通りであった。社会経済の発展につれて人口が増加し，多くの筏ハウスが決まった場所に停泊しないため，ハロン湾の旅行ビジネス環境，公安秩序の状況に影響を与えている。また，出生・死亡の登録管理，身分証明書の交付，公安秩序確保，遺産水環境保全が確保できず，住民への教育に苦労している。文化を楽しむための生活条件，医療看護はほとんどない。とくに湾で発生した嵐，雷雨は水上村の住民の命に危険な影響を及ぼす。ハロン市人民委員会は，筏ハウスのある水上村を移転させ，筏ハウスを処分し，生活安定化のための「ハロン湾の筏ハウス住宅移転プロジェクト」を展開した。市は，指導委員会と学際的な作業部会を設置し，移転計画の実施を行っている。

この提案は，4ステップで実施された。ステップ1は，チェックと統計，都市管理者の湾の筏ハウスの分類。ステップ2は，宣伝の強化と人々の動員。ステップ3は，移転地の企画と建設。ステップ4は，住宅移転と職業変更，そして人々の生活を安定化させることである。2014年6月，ハロン市クアンニン省人民委員会のハロン湾の筏ハウス住民移転提案によって，上陸して居住するために全世帯を移転させた。2014年6月から7月にかけて水上村からの344世帯1,650人は移転し，家を再建するなどした。

ハロン湾の漁村住民移転提案は，ユネスコの専門家に世界遺産での住民移転

「海の桂林」とも呼ばれるハロン湾。ベトナム北部の有数の観光地にもなっている。1994年に世界遺産に指定（写真：伊藤哲司）

表 13-1　ハロン湾における漁民の伝統的な漁業の例	
イカ漁	カニ漁
ハマグリ漁	デン魚漁
スン魚漁	小カニ漁
ソン魚漁	その他

表 13-2　ハロンにおける漁民の変更後の職業の例
タクシー運転
刺繍制作
縫製
ホテル・レストランサービス

プロジェクトの中で最高と評価された。専門家の意見では，漁村の遺産であるハロン湾に住む 300 以上の世帯が移転しハロン市に再定住したため，ハロン湾の価値を促進し，人々に良い生活をもたらしたと言われている。

3. 生計と文化実践アイデンティティの変化

　しかし実際には，ハロン湾筏ハウス住民移転提案の実施ステップは漁村の家計構造，伝統的な生計形式，空間，文化的環境に関する徹底した計画に基づかずに，生活水準の向上，社会保障，経済補助を行い，住民たちをまったく新しい職業に就業させたために，宗教的実践，コミュニティのアイデンティティ，生活形式を反映した文化的な変化の深いところで多くの望ましくない結果を生み出した。

　この提案により，漁村住民コミュニティに対して経済，社会，文化に大きな変化をもたらした。2016 年 6 月の時点で，再定住エリアにおけるフィールドワーク全定住エリアは塀が設置され，コンクリート道路が配置された。計画の通りに各棟は，60 平方メートルの使用面積で，2～3 のベッドルーム，1 つのリビングルーム，1 つのトイレ，キッチン付きの部屋が建築された。電気と水道は人々の需要を満たすために提供されている。また，人々の生活に奉仕するため，再定住エリアにおいてカフェや食料品店などできた。

　一方この提案は，伝統的な生計と知識基準をよく考慮しておらず，新生計形式に職業構造変更を実施したため，貧困状態へ大多数のコミュニティ漁民を押しやっており，一部の居住者に対し心理的な劣等感や悲観を引き起こした。この提案により伝統的な漁業生計からタクシー運転手，レストランサービス業，刺繍作品の制作などへの職業転換がなされた。

再定住地で起こっているのは，荒涼とした職業変化である。2016年3月，ハロン市の人民委員会の最新データによると，再定住地で886人のうち，タクシー運転のトレーニングがされたのは1人だけ，地域企業に採用されたのは56人，現場の環境衛生4人，バイクタクシー運転9人であり，残りの大部分は失業している。政策立案者は，生活水準向上，家計構造，伝統的な生計形式，空間，環境，習慣に関する徹底的な配慮に基づかずに，社会保障生計の基礎として経済補助形式を実施し，まったく新しい職業へ就業させたために，漁村住民の持続可能な生計確保に悪い変化をもたらすことになってしまった。

　ハロン湾の漁民たちは何世代にもわたり，海，魚，エビ，海産物と常に関わり続けてきたが，海で突然に嵐や暴風が起こると危険である。筏に一緒に住んでいれば，小さな子どもから高齢者まで，男性から女性まで年齢に関係なく，コミュニティ生活における生計形式の実践に相互が助け合うことができる。これは，環境を保護し，共有し，漁村の住民の特定の条件で持続可能な生活を確保するのに役立つ。そのため，伝統的な漁業生計環境の喪失は，「飯を食うための釣竿を失った」と同義であり，直面しているのは急速に起こっている貧困化という痛ましい事実である。

〈カイサコング再定住地で行ったインタビュー結果の一例〉
ファン・ヴァン・ビエンさん・60歳
　　職業変更は不適当で，住民は失業し，貧困で無学である。我々は漁民だから，海に関連する仕事しかできない。船が家に近づいて寄港するための運河はなかなか広げられない。仕事ができないから，お金を借りて生活している。半死半生だ。

　現在，地上の漁村漁師の収入は大幅に減少し，日常生活に困難がある。再定住エリアに住む，1,632人中70人は，3〜500万ドン（およそ15,000〜25,000万円）の月給でホテル・レストランサービス，運転などの雇用サービスの仕事に配置されている。残りの多くの人々は，交通手段がなく，字が読めないため仕事を見つけられない。多くの世帯は家族の収入を得るため，自分の家を閉め，前の漁村に戻る。一部の世帯は，債権者に家を差し出し，湾に戻って生活する。海への郷愁とともに海に出ていった後，残された子どもたちや女性たちは，夫

に送ってもらった限られた額で生活するため，精神的なダメージを受け悲観的になることも不可避である。そのうえ，経済的理由から多くの子どもたちが退学を余儀なくされ，学校に通う機会が失われている。収入がなくて医療も保証されない。陸上移転後2年間で，漁民の20人が死亡した。そのうち13人は，適切な医療を受けるために病院に行くことができなかった。政策立案者による職業変更の間違った計画で，ハロン漁村コミュニティに対し本当の悲劇が生じたということである。

インタビューしたほとんどの労働年齢者は，転職が非常に難しい，とくに高校卒業レベルが必要となる職業だと答えた。

〈カイサコング再定住地で行ったインタビュー結果の一例〉

グエン・ティ・クイさん・45歳

住民は不適当で職業変更はできない。学習するのに陸上へ移動した。生活できるように政府は何か考えてくれないと私たちはまた海に戻って，無組織のまま収入が低くてハロン湾に難問をあびせかけることになってしまう。結局，我々の子どもたちは陸上に移動しても学校に通うための金がない。そういうふうになりたくないけども，仕方がない。陸上での仕事には慣れていない。

グエン・ヴァン・グーさん・93歳

若者たちは，陸上に移動しても字が読めず，道がわからないから，タクシーの運転でもレストランでの仕事でも上手くいかない。だから，青年は陸上の仕事ができないし，船を買う金がないから失業，負債，賭博，中毒になって家を売ってさまよってしまうんだ。

インタビュー結果も，漁業を継続し，漁師の伝統的な生計を維持する知識・経験を活かすためのチャンスを政府に作らせるという人々の共通の願望を反映している。もともと海で生まれ育った彼らは，海のことは誰よりもわかる。海のお陰で伝統的な漁業により収入を得て一家の暮らしを支える。このように，質的方法による私たちの研究は，現時点でのプロジェクトで現地の地方政府当局がハロン湾の漁村の住民に対し職業変更を行うことが予期せぬ決裂を招いているという結果を示している。

また我々の分析は，空間転移の結果が多くの民俗芸術，宗教的実践が現わす

環境が失われたという現実を見届けた。インタビューを通して，ほとんどの世帯が生まれた場所，信仰慣習，村，筏，船を思い出していることを知った。海を覚えているが，お祭りの際に，海に戻るためのお金はない，もう船もないため，村に戻って礼拝する機会があまりない。以前は，春先には村と村との祭り，ボートレース，歌のコンテストなどがあって人々が参加したが，現在は村と村が繋がる文化芸術活動に参加する海洋環境がないため，こういう習慣が維持されていない。再定住地では文化館があるが，陸上の人々の標準に合わせられており，それは移転者にとって奇妙なものである。政策立案者に，文化的アイデンティティを強化し，保存措置を展開する際に，文化的アイデンティティと実践は伝統的環境にのみ存在するという重要な問題を考えさせるべきである。実際に，生活空間変化のために民俗芸術の形態，信仰実践は海島の文化的アイデンティティを現わす環境が失われたのである。

4. おわりに

　研究プロセスは質的アプローチに基づくもので，なぜ「ハロン湾筏ハウス住宅移転プロジェクト」が地域住民の文化的支柱を破壊し，多くの伝統的な文化的実践が徐々に消えたのかということを分析し理解することができた。多くの伝統的な文化的実践が徐々に消えた。生活水準の向上，社会保障確保を理由にし，プロジェクトの政策立案者は家計構造，伝統的な生計形式，空間，環境，習慣に関する徹底的な計画に基づかずに，生活補助を実施し，まったく新しい職業へと転換させた。

　新しい定居地における地元の知識を減少させ，漁村の住民に対しての強固な生計確保の大きな課題が提起される。再定住地における文化保全職業変更の効率向上に地方政府は徹底的に深く漁村の漁民の伝統的な生活資源，文化的資源の役割を認識し，水上の伝統的な文化生計環境と陸上の定住環境との結合を作り，強固な生計の課題と困難の克服に漁民を迅速に支援し，漁業コミュニティの文化慣行のアイデンティティを尊重しなくてはならない。文化の実践の伝統的な文化環境の維持に基づくハロン湾の観光開発に，漁村コミュニティの海島の文化，地域知識の強みを開拓し生かすことが必要である。

社会的不平等を浮き彫りにする質的研究への期待

伊藤哲司

　ベトナム北部の有名な観光地でもあるハロン湾をフィールドにしたフオンさんの論考を読んで，何より嬉しかったのは，量的研究法を従来用いてきた彼女が，ハノイのベトナム社会科学院東北アジア研究所で2011年，私が担当させていただいたプログラムに参加し，そこで知った質的研究法を用いるようになったということである。そのときは若手の研究者10数人が参加し，私自身の『ハノイの路地のエスノグラフィー―関わりながら識る異文化の生活世界―』（ナカニシヤ出版，2001）（後にベトナム語版をハノイでも出版）も題材にしながら，質的研究法についてワークショップ的に学び取ってもらった。そのときの若手の参加者の一人が，たしか文化人類学専攻だったと思うが，「私も，先生みたいに自由にエスノグラフィーを書きたいのです。でも指導教員が，もっときっちりやりなさいと言って許容してくれません」と呟いていた。「きっちりやりなさい」というのは，端的には量的研究法を指しているのだろう。

　参加者の1人だったフオンさんが，質的研究法を意識的に用いて行ったこのフィールドワークによって，ハロン湾の筏ハウスに住む人々の移転に関わる問題がクリアーに浮かびあがっているのが印象的である。地方政府もそれなりに周到に考えて計画・実施したのであろう移転計画，それはユネスコにも「世界遺産での住民移転プロジェクトの中で最高と評価」されるものであったという。しかし実態は多くの問題を孕んでいた。整備された移転先の居住環境が提供されたにもかかわらず，それは「伝統的な生計と知識基準をよく考慮して」いないものであったという。伝統的な漁業からは遠ざけられ，タクシー運転手などの新たな職業にも順応できず，貧困化を招き，子どもたちが学校に行けなかったり，住民が適切な医療を受けることができなかったりしているというのである。それは，筏ハウスに暮らす人々が長年培ってきた文化の喪失とも言える憂うべきものであろう。

　これを読んで，同じベトナムの中部にあるフエの「水上生活者」の事例を思い出した。私自身それについて調査し小論にまとめたことがある（伊藤，2012）。フエもまた，世界遺産の王宮を抱え，街の中央をフオン川が流れる風光明媚な街であるが，外国人観光客も多い新市街からも見渡せるフオン川の川沿いには，かつて多くの水上生活者たちが生活を営んでいた。幾度か移転計画があったものの，人々は与えられた陸上の家を離れ，また元の水上生活に戻ってしまうということがあったと聞く。私が調査したのは2006年のことなのだが，その後移転計画が本格的に実施され，移転先に移動するときにボートを壊すことといった条件がつけられ，実際に移転が貫徹された。それゆえ現在は，フエに行っても水上生活者たちは見当たらない。水上生活を営んでいた人々はたしかに「貧困」で，子どもたちには将来陸上での生活をさせたいと語る人々も多かった。その後，移転先に移った

元水上生活者たちに会いに行ったこともある。たしかに生活のある面は改善された様子だったが，馴染んでいた川面の生活世界から切り離されてしまったという印象を強く抱いた。

　その小論で私は「社会主義を堅持するベトナムではみなが『平等』であるはずだが，しかし現実にそうとは言い難い」という問題を指摘した。経済発展が目覚ましいベトナムで，人々の経済格差がきわめて大きくなっているという現実はよく知られている。ハロン湾とフエそれぞれの事例には，もちろん具体的なところでは相違点もあるだろうが，大局的には同じ問題構造があるように思われる。しかしそれを，政治の問題として批判的に論じられることは少ない。共産党一党が支配する国では，政府批判というのは今でもタブーであるからである。若いベトナム人学生（日本に来ている留学生も含めて）に接しても，政治問題には驚くほど関心が薄い。ベトナムの街中はとても活気があり，人々が抑圧されているようにはみえないが，人権問題を指摘する日本人研究者もいるし，ベトナム南部の「負けた側のベトナム」の人々が，自身の過去を語ることを自制し，コンフリクトを潜在化させているという側面は間違いなくある。

　そうした社会状況の中で，フオンさんの論考が，このままベトナムで発表できるかどうか定かではないが，質的研究を通して，こうした困難な状況に置かれた人々の声を代弁するかのように明らかにしたのは，それだけでも価値がある。それに留まらず，健全な社会批判にも繋がっていくことを期待したいところだが，ベトナムの政治状況からして，なお時期尚早ということかもしれない。

　拙著『ハノイの路地のエスノグラフィー』をベトナム語で出版してもらうことになったときに，ベトナムの出版社に言われたのは，「現在のハノイはものが溢れるように売られていて社会主義の国とは思えない」という一文を削ってくれということであった。もちろん素直に削除に応じたが，こうした言説をも受けとめられるベトナムになっていくことを願う。フオンさんのこのような質的研究に対して，近い将来ベトナムでの議論を生むことを期待したい。

伊藤哲司（2012）.「平等」のなかの貧困―ベトナム・フエの水上生活の家族たち― 発達心理学研究, 23 (4), 375-383.

第14章
ベトナムの日本企業の人材の現地化の現状と課題
―人的資源管理システムの国際移転の視点から―

ホー・ティ・ミン・フオン（HO Thi Minh Phuong）

1. 質的研究と私

　経営管理，とくに人的資源管理とは，人間対人間の活動である。海外に進出する日系企業でも，経営者が現地の労働環境，自社の経営状況をどのように捉えているかは，人的資源管理の仕方に影響を与えると考えられる。経営の現地化の規定要因を探る従来の研究では，量的なアプローチが主流である。それらは，日系企業の人材現地化比率とその比率に影響を与える要素（進出年数，出資比率，人材の現地化の比率など）を中心とする研究がほとんどである。経営管理，とくに人的資源管理とは人間対人間の活動であると考えているため，私は現地法人の経営者に直接お会いし，率直なお話しを伺うことを中心とするインタビュー調査を行った。このような着眼点をもっている私にとって，このように質的なアプローチを経営学の研究で用いることは必然であった。

2. 日本企業の海外子会社における人材の現地化

　海外の子会社のマネジメントにおいて成功の鍵を握るのが，人材の現地化である。人材の現地化とは，幹部に現地の人を登用するなど，現地で採用した社員を中心とした構成にし，現地社会に根差した経営をしていくことである。それが求められる理由として，日本にある本社のグローバル統合・現地適応の発展段階に応じて，日本人出向者の人件費の削減や，ローカル市場への販売拡大を図るという点などが挙げられる。また，日本企業の海外拠点がこれから一層事業を拡大していくためには，現地の優秀な人材の登用が不可欠であるという

こともある。

　これまでの研究でも，人材の現地化問題は何度も取り上げられてきた。そこでは日系企業の人材の現地化は遅れていることが多いと指摘されている。従来の研究は，日本的な経営システムの現地での修正，異文化経営，経営資源の国際移転，動機づけ理論，国際人的資源管理などの視点から，人材の現地化という問題を取り上げてきた。直接投資の本質は，経営資源の移転である。そこで，人的資源管理システムの国際移転の視点からも，日本型人的資源管理システムがどのように現地に適応されているかということが重要である。

　本研究では，世界的に高い競争力を有する日本の製造企業の事例を取り上げる。日本企業の競争力の源泉の一つは，日本型人的資源管理であり，その特徴として「三種の神器」とも呼ばれる終身雇用，年功序列，企業別組合があげられる。海外進出する際，HRMシステム（Human Resource Management system：具体的には，採用・人材確保，評価・昇進昇級，教育訓練）をいかに有効に移転させるかが，人材の現地化の促進に大きく影響すると考えられる。

　本研究では，近年，日系企業の進出が激増しているベトナムに焦点を当てて，事例調査を行う。ベトナム経済は，中国経済と並んで，アジアでも群を抜く高成長と安定性を示している。ベトナムは私自身の母国であり，親日的であり，かつ日本企業への就職希望者も多い。しかしそこには，ベトナム人と日本人の考え方などのギャップもみられるであろう。

3. 問題と目的

　本研究は，日本の人的資源管理システムの現地での修正という視点から，日系海外子会社における現地化の現状を明らかにし，人的資源管理システムと人材の現地化の促進の移転との関連を分析することを目的としている。ベトナムにとって日系企業の進出は大切だが，実際の運営はベトナム人たちによく知られていない。ベトナムにおける日本型経営資源（人的資源管理システムなど）の移転と人材の現地化との関連は，はたしてどのようなものであろうか。

　岡本（1998）の統計分析によると，日本型経営資源の現地移転と人材の現地化には，正の相関関係がみられる。つまり，「人の現地化が進むということは，

主として日本型経営のノウハウ・知識を理解する現地人マネージャー・従業員が増大し，彼らが登用される機会が拡大すること」(岡本，1998) なのである。しかし，管理職に登用された人材は，必ずしも日本本社の経営ノウハウ・知識を十分に学習してきたとはいえない。むしろ，現地の管理者にとっては現地の経営の仕方のほうがやりやすいわけで，人材の現地化が進んだ企業では，日本本社ではなく現地に適応した経営管理をしているのではないかと考えられる。

　日本本社の競争優位性を発揮するためには，日本型経営を有効に移転すべきだが，どの要素を移転すべきか，検討する必要がある。ベトナムへの人的資源管理システムの移転は，困難さを伴うのではないかという問題意識を私は持っている。なぜなら，ベトナムの環境要因は，日本や他の国とは違うため，たとえ他の国でスムーズに移転できたやり方であっても，ベトナムの進出においてスムーズに移転できない場合があると考えられるからである。

4. 方　法

　上記の調査課題に従って，インタビューを中心とする事例調査を行った。実際にベトナムに進出している日本企業7社でインタビュー調査を行い，ベトナムの日本企業のHRMシステムを中心にの実態を分析し，日本のHRMシステムがどのように適応され，また現在の人事管理のやり方は現地化にどのように影響を与えているのかを分析する。また，本社の理念が実際に現地でどのように浸透しているか，海外子会社の現地化において本社はどのような役割を果たしているかを分析する。

　調査期間：2016年9月上旬
　手続き：東洋経済新報社の「海外進出企業総覧」に掲載されているベトナム現地法人リストをもとに，筆者がベトナム南部に進出している日系製造企業約50社に電話し，調査の協力への依頼をした。その中で，7社から企業訪問の許可を得て，各社の社長または，人事担当者にインタビューを行った。そのうち6社を，実際の分析対象とした。各社のベトナム進出時期は，約20年前（最初の進出ブームの時期）である。訪問した企業の工場の規模は900～3,000人で

あり，大型工場である点が類似している。そのため各社の親会社の方針・戦略，子会社の現地化について比較することが可能になる。

5. 結果と考察

(1) 人材の現地化が求められる背景

インタビュー結果から，いずれの調査対象企業の経営者も，人材の現地化の促進が必須だと考えており，その主な理由として，3つの点が浮かび上がった。第1に，新規事業を拡大していく上で人手不足の解消するためである（C社，F社）。第2に，とくに本社の国際化が進んでいない場合，本社から日本人派遣社員を探し，送り出さなければならないという負担を減らすためである（A社，D社，E社）。第3に，日本人派遣者が変わる際でも，海外子会社が組織として安定して，運営できるようにするためである（C社）。

(2) 現地人材の定着と活躍状況

調査対象としたほとんどの企業では，現地人材の登用を促進していた。その理由として，海外子会社での経営は，日本のシステムをそのまま持ち込むのではなく，現地のやり方を尊重し，現地をよく理解している現地人に任せるという方針があることがわかった。

しかし調査対象の6社とも，現地社長はまだおらず，いずれの企業の社長・副社長も日本人であり，その下で，現地のスタッフが活躍している。ほとんどの企業では，高級管理職クラスの現地人人材がまだ育っておらず，とくに部長・課長クラスでは，現地人雇用の薄さが管理上のネックになっている。

今後，人材の現地化を促進させるために，幹部候補生の採用，階層別教育，中間管理職に企業理念を共有するなどの方法が挙げられている。しかし，それらを実施するためには，時間や資金が必要となってくるし，HRMシステムが未整備な面もあるため，なかなか始動がかからないという（企業E）。また，課長・次長まで昇進したにもかかわらず，ベトナム人はリーダーシップに欠けるところがあると見なされ，権限が十分与えられない事例もあった（B社）。

(3) 日本型人的資源管理システムの現地での修正・実施

従来の研究では，日系企業は，海外拠点にオペレーションとともに，日本型経営資源を持ち込むことが主流で有効な方法だと指摘している研究が多い。しかし，本調査で明らかになったように，ベトナムの日系企業は，長期雇用を前提としたポテンシャル採用・教育訓練を行っている企業が多いが，必ずしも積極的に本社の経営資源をそのまま移転しているとはいえない。とくに，本社の国際化が進んでいない企業，あるいはグローバル展開の経験が浅い企業は，できるだけ現地に応じた制度を設立し，現地の従業員に合わせたマネジメントの仕方を採用している。調査結果に基づいて，採用，教育訓練，評価，昇進昇格を取り上げて，日本型人的資源管理システムがどのように移転されているか整理した（表14-1）。

ベトナムの日系企業への人的資源管理システムの移転の特徴として，次のような点が挙げられる。

①採　　用

いずれの現地子会社も，日本本社と同じように長期安定雇用を前提とした採用を行っている。しかし，現地の状況によって，本社と異なる採用手段を用いるケースが多くみられる。具体的には，調査企業の6社とも，採用は定期的に行われていない。人材を募集するタイミングは，主に欠員の補充のタイミングあるいは，受注が増える時である。そこは本社と大きく異なる点である。また，日本本社では，新卒一括採用が主たる採用の手段として用いられているのに対し，ベトナム子会社の大半は，中途採用を行っている。新卒採用と中途採用とにかかわらず，採用時に即戦力を求めないポテンシャル採用を行っている企業と即戦力を求めている企業とは，半々である。

ベトナム人は勤勉で，学歴のある人材も多いと評価されることが多いが，人材獲得競争がますます激しくなっており，優秀な人材の獲得に苦労している企業が多い。今後，将来の幹部候補を別の枠で採用を行うといっている企業は，C社とD社である。

②教育訓練

採用制度と同じく，教育訓練も現地に応じたやり方で対応している。教育訓練が計画的に・体系的に行われていない企業が比較的多い。OJT（On-the-Job

表 14-1　調査対象各企業の人的資源管理手法実施の現状

	項目	A社	B社	C社	D社	E社	F社
採用	現場ワーカーの中途採用	○	○	×	○	○	○
	事務系の中途採用	×	○	×	○	○	○
	人材紹介サービスの利用	○	○	○	○	○	○
	大学との連携	○	×	○	×	×	×
	明確な採用基準の設定	○	×	○	不明	○	○
	即戦力を要請	×	○	×	○	△	×
	有効な採用手段	○	×	◎	○	○	○
	幹部候補の採用	×	×	○	○	×	○
	優秀な人材の獲得の困難さ	○	○	×	○	○	×
教育訓練	新人研修の実施	生産現場のみ	1週間	○	×	×	○
	OJTの実施	○	○	○	○	○	○
	社内での定期的なOJTの実施	N/A	×	○	×	○	○
	社外研修の実施	○	○	◎	技術者のみ	×	○
	階層別教育訓練の実施	○	○	○	×	×	○
	教育の一環としての配置転換	○	×	×	○	○	○
	日本本社での研修	○	×	◎	○	○	○
	日本本社の理念の共有	○	×	○	×	×	○
	毎年度の経営方針の共有	○	×	○	○	○	○
評価	定期的な評価の実施	○	○	○	○	○	○
	評価基準の明確化	○	×	○	×	×	○
	ポテンシャルの評価	×	×	○	○	不明	○

注）◎とくに強化して実施している。○実施している。×まったく実施していない。

Training) をきちんと行っているC社とF社は，調査企業の6社の中で，日本本社のグローバル展開の歴史があるという共通点がある。C社の場合，本社の生産センターで立案された全世界的な計画によって，ベトナム子会社の生産方針も定められる。その方針を展開することが，各拠点のあり方とされている。結果的には，C社は，その方針のもとで，現地での研修や日本本社へのトレーニングに積極的に取り組んでいる。また，F社の本社も人材育成を重視する伝

統のある企業で，F社である海外拠点もその伝統を引き継いで，積極的に教育訓練に取り組んでいる。

　本社からの指導，そして支援が足りない分，社内の人材育成・教育の仕組みには，限界があるのではないかと考えられる。しかし，現地の生産能力を向上するには，子会社の成績に大きく影響する。そこで，本調査で明らかになったように，本社による指導と支援を十分に受けていないA社，B社，D社，E社も社外のサービスを活用し，教育訓練に取り組んでいる。

　また，今回の調査対象の6社には，計画的な異動がないことから，多くの職務を経験させることを通じて，従業員の多能工化を図ることは，一般的ではないといえる。内部昇進の促進のために，教育訓練と定期的な配置転換の実施が必要であろう。

　③評　　価

　評価も現地に応じたやり方で対応している。ほとんどの企業では，評価が定期的に行われている。評価基準は，基本的に本社のものに基づいて作られているが，海外拠点独自の基準もある。明確な基準がある企業とない企業とが半々にあることから，納得性の高い評価基準が必ずしも確立されていない現状にあることが分った。

　また，仕事意欲とポテンシャルがあるかどうかという項目も評価基準に加わっている企業は，C社，D社とF社である。これらの企業は，調査対象企業の中で比較的教育訓練に力を入れており，長期的な能力形成を図っている企業である。ポテンシャルや潜在力に注目し，訓練し，能力を伸ばすという日本のシステムと同じ傾向がみられる。

　ベトナムの日系企業で，昇進・昇格を決定するときに重視されるのは，学歴・勤務経験ではなく，能力とポテンシャルである。生産現場のワーカーが管理職に登用するケースが多くみられた。要するに日本企業の特徴とされる年功的な昇進ではなく，実力主義である。また，日本本社と比べて，ベトナム法人のほうが昇進ペースが速い。その際に，日本の働き方を理解しているかどうかという点も重視されている。しかし，まだまだベトナム人管理者が不足している企業が多く，幹部になる人材の育成が重要な課題になっている。

（4）日本本社の国際化とマネジメントの支援

　本社の国際化が，経営資源の移転と海外拠点の現地化の促進に大きく関連していることはいうまでもない。これまで述べてきたように，いずれの調査対象企業も人材の現地化を志向している。

　調査対象の6社のうち，本社の国際化が進んでいる企業が2社，本社の国際化が遅れている企業が4社あった。本社の国際化が進んでいる日系企業ほど，本社の技術と経営ノウハウを海外拠点に移転している傾向がみられる。この点は，董（2006）が取り上げた事例研究の結果と一致している。要するに，本社の国際化が進み，明確な経営方針を持っている企業ほど，積極的に優位な経営資源を移転させ，その定着を図っているのである。

　さらに，本社の国際化が遅れている企業の場合でも，日本人派遣者不足の問題を解消するために，現地化を積極的に進めている。この点は，関口（2016）が論じた本社の国際化を志向しない企業の現地国籍人材（Home Country Nationals: HCN）の登用のパターンに該当する。ベトナム子会社では，本社から経営資源の移転を受けない分，現地で日系企業向けの進出支援サービスなどを利用し，生産向上・組織力の強化を図る企業が多い。外部から利用する進出支援サービスの内容としては，人材採用・教育訓練といった部分的な活動から，経営管理システム・オペレーション管理そのものの構築までである。

（5）人的資源管理システムの移転と現地化

　いずれの調査対象企業も積極的に現地従業員の登用を進めようとしている。しかしながら，ベトナム子会社で，優秀な人材が育成され，幹部に登用されているということは，彼らが，経営ノウハウ・技術などの日本型経営資源を吸収したということと同じではない。つまり，日本型経営資源の移転の促進によって現地化が進むという相関関係は必ずしも因果関係ではない。しかし，本社の競争優位性を発揮するために，有効に経営資源を移転することが必要であり，とくに将来幹部になる人材に経営ノウハウの伝達が不可欠である。

6. 結　論

　本論で取り上げたベトナムの日系企業において現地化の促進が求められている主な理由は，新規事業の拡大，生産向上，組織力の強化，本社の海外へ派遣する人材を調達する負担を減らすことなどである。しかし，単なる日本本社のHRMシステムの導入で，現地化がスムーズに進むということではない。実際，海外子会社においてHRMシステムの構築は，日本本社由来の志向に基づいて，現地に応じた政策・手法が形成されているパターンが存在することが，インタビューによる事例調査を通して確認できた。日系企業向けの進出支援サービスも非常に充実していると評価する日本人経営者の声から，多くの日系企業が採用から人材育成まで外部のサービスによって支えられていることが言えるであろう。このような発見は，従来の量的なアプローチでは，そこを見出すことは困難だったかもしれない。

　本研究は，上智大学経済学研究科に提出した修士論文「ベトナムの日本企業の人材の現地化の現状と課題 ―人的資源管理システムの国際移転の視点から―」をまとめ直したものである。経営判断を行う際，企業や経営者自身を取り巻く環境，課題に対する認識が経営スタイルを規定する重要な要因である。ベトナムの日系企業の経営者から伺ったお話を通して，彼らの視点からみたベトナムの労働市場や自社の状況や本社の状況と評価を明らかにし，現在の人的資源管理の施策が導き出された背景を確認することができた。経営効率化を図るうえで，こういった経営状況・課題をわかりやすい形で客観的に示す必要があると考える。今後，現地法人の日本人経営者のみならず，本社また現地の従業員からの認識を考察し，ベトナムの日系企業の人的資源管理に関する研究を進めていきたい。

引用文献

ホー・ティ・ミン・フオン（2017）．ベトナムの日本企業の人材の現地化の現状と課題―人的資源管理システムの国際移転の視点から―　上智大学経済学研究科修士論文（未公刊）
岡本康雄（1998）．日系企業in 東アジア　有斐閣
関口倫紀（2016）．日本企業海外子会社における人的資源管理の実証研究　国際ビジネス研究, 8（1）, 89-105.
董光哲（2007）．経営資源の国際移転　文眞堂

経営の「三種の神器」の栄光と崩壊

李　勇昕（LEE Fuhsing）

　本章はベトナム出身のフオン氏が日本の大学院生として，ベトナムの日本企業における人材の現地化の現状とその課題について執筆した修士論文の一部である。日本人が「いかに日本企業が海外進出をスムーズにできるのか」という視点に立つものではなく，ベトナム人が「いかに日本企業がベトナムの経済および人材育成に貢献できるのか」という視点に立っていることが，非常に重要だと考えられる。本章ではとくに言及していなかったが，そもそも現地の人はなぜ日本企業に就職したいのか，日本企業に対し，どのような期待と失望を持ってきたのか。そして，日本企業自身が高度成長期以降，「三種の神器」と呼ばれた経営の栄光時代と崩壊時代は，日本と外国に対して，どのような影響を与えたのか，把握しなければならない。

　私の出身地台湾も日本企業が多い。我々台湾人の日本企業に対するイメージは，緻密，チームワーク，安定などである。若者は日本企業に就職することで，日本の技術，企業文化を学び，将来が有望になるのではないかと考える。たとえば，日本本社への昇進，あるいは将来自分の会社を立ち上げるときに日本企業での就職の経験を活用できる。いずれにしても，日本のように，一つの企業で一生働くことは珍しい。キャリアを積み，昇進していくために，転職し，個人主義を重視することは台湾だけではなく，欧米，アジアの各国も同じである。そのため，日本本社が「外国人はすぐに会社をやめてしまう」と考え，海外の人材育成に力を入れないことは合理的なのだろうか。その結果，台湾の若者が理想を持ち日本企業に就職した後に，日本本社へ昇進することはもちろん不可能に近いし，学びたかった日本の技術，文化もとくに身に着けられないなどの問題に直面し，別の会社に転職する。この点は，おそらくベトナムの状況と共通している。

　日本本社の方針と現地の文化のバランスが取れないという大きな問題が発生した根本的な原因は，日本企業の経営の「三種の神器」であると考えられる。フオン氏が述べたように，「日本企業の競争力の源泉の一つは，日本型人的資源管理であり，その特徴として「三種の神器」とも呼ばれる終身雇用，年功序列，企業別組合があげられる」。

　日本の高度成長期には，「三種の神器」によって，社員が愛社精神を育み，いい製品をつくり，豊かな生活を送れるようになった。国民全体が勤勉に仕事をすることで，日本は世界の経済大国になった。日本では，会社に就職することは「入社」と言う。つまり，会社に入り込み，人生をかけて会社に貢献するという集団主義の価値観を表した。

　しかし，1980年代以降，グローバル化の中で，日本企業はそれまでの国内生産・対外輸出のみの体制から，海外生産を中心にする体制に変更した。それまでの日本独自の経営方針は，海外の自由競争に脅威にさらされる。バブル以降，日本の集団主義は崩壊しつつ

ある（杉万，2010）。日本人自身が「三種の神器」を批判し始めた。頑張って「入社」さえできれば，仕事の能力に関係なく，長くいるだけで給料と地位があがるという保証がつくこと，また，組合と企業が基本的に一体となったことで，緊張感は失われ，欧米のような自由かつ斬新な発想が湧いてこなくなった。海外諸国では，「三種の神器」はもはや仕事に対する意欲を失わせる「危機」になる可能性が大きい。2000年代に入った日本国内も，「三種の神器」はすでに「危機」として扱われ，人材の改革が求められている。むしろ，海外支社の改革の成功事例を逆輸入し，日本本社に影響を与えようとする声もある[1]。

　フオン氏が指摘した現地化，人材育成の問題の背景は，組織全体が上層部の命令に従い，無言で同一の目標を達成するようなトップダウンの集団主義が存在しているからである。ベトナム，台湾，それぞれの企業の進出先が，日本企業に期待するのは，日本人と現地人，管理する側と管理される側のような二項対立の構図を破り，平等に，自由に仕事をすることである。その方法は，組織が一つの命令に従うのではなく，柔軟な発想，さまざまな対話，意見を交わすことで，新たな取り組みを行うことである。人材育成も同じく，育成する側と育成される側を区別する視点で現地の育成プログラムを導入するのではなく，育成プログラムを通じて，日本人と海外の人がいかにコミュニケーションを促進するかという視点で導入するべきではないだろうか。

　そうすることは，現地の国と社会の経済，そして本社の利益に有効である。「三種の神器」という絶対的な権威の崩壊は，決して日本企業の終焉を意味するのではなく，むしろ，個人を尊重し，命令ではなく対話をつくるという新しいモデルを創造する時代が到来したと考えられる。

杉万俊夫（2010）．「集団主義－個人主義」をめぐる3つのトレンドと現代日本社会　集団力学, 27, 17-32.

---

[1] なぜ，グローバル化を進める日系企業が「現地化」で失敗するのか　https://globalleaderlab.com/localization （2017年11月20日）

第15章
未成年の家族における無関心
―質的調査による発見―

ファン・ティ・マイ・フオン（PHAN Thi Mai Huong）
訳：チャン・ティ・レ・トゥエン（TRAN Thi Le Thuyen）
グエン・トゥイ・アン・トゥー（NGUYEN Thuy Anh Thu）

1. 質的研究と私

　最近は冷淡な態度が，よく心理学者によって取り上げられている。人の困難に対して傍観者となる人が多いのである。こうした最近の若者の無関心についてベトナムのメディアは警鐘をならしている。彼らは，他人の苦しみや困難に無関心で共感しない。家族に対して若者たちは関心をもっているのかという疑問が生まれている。私たちはこの問題に対して調査する予定だが，情報があまりなく，またこの問題に対して学界ではまだ研究されていない。それが，質的な研究をする理由である。この方法のメリットは，詳細なデータや問題を発見することができることである。この質的方法を通して私たちは，ベトナムの未成年の若者たちの核心部まで描くことができるだろう。

　ご存じの通り家庭では，親は子どもたちが社会人になれるよう教育するべきである。これから社会を背負っていくのは子どもたちの義務と責任であるということは，家族の中で最初に教えられなくてはならない。また，家族に対する責任は，大人のみならず，未成年の子どもも含め家族全員にある。

2. 未成年の子どもの家族に対する義務

　家族同士の愛，助け合い，親孝行は，ベトナム人の伝統文化である。家族の愛を表すことわざがたくさんある。たとえば，「兄弟は，同じ小腸をもつ」「兄弟の和睦は，家族の幸福だ」などである。

　これらの習慣・風習は，現在でも大切にされている。ベトナムの婚姻と家族

の法律（2014）では，子どもの権利だけでなく家族に対する義務も規定されている。この法律の 70 条には，子どもは「両親を愛すること，尊敬すること，親孝行すること，家族の誉れと伝統を守ることという義務がある」と示されている。また「未成年の子どもは，自分の可能な範囲で家族の手伝いをする。ただし，子どもの保護・教育の法律に反する行為は犯してはいけない」という（婚姻と家族の法律，2014）。

伝統文化の面でも，法律上でも子どもの家族に対する責任と義務は，年齢にかかわらず求められている。子どもは，年齢に従い，子どもとしての行いをすべきであり，これらの責任と義務を軽んじてはいけない。これらの義務は，大きく分けて 2 種類ある。家族に対する関心（愛）と家族への貢献である。

子どもの家族への貢献に関する研究（Nguyen Thi Mai Lan, 2009）と，子どもの家事への参加に関する研究（Vu Quynh Chau, 2009）から，子どもたちが家事の手伝いの義務を受け入れ，行っていることが明らかになった。子どもにできることとして，家事（料理をすること，掃除，洗濯など）あるいは，弟・妹の世話，親の手伝いなどがある。このように家事への参加は，子どもの義務であり，親の教育の狙いであり，そして行わなければならないことである。しかし実際には，勉強によるプレッシャーとお手伝いさんの有無によって子どもの家事への参加の程度が違う。

国際社会においても，子どもの家族に対する義務は注目されているトピックスである。Ho（1981）の研究によると，中国の子どもが家族で行うことはベトナムの子どもが行っていることと同様で，料理をすること，掃除，買い物，弟・妹の世話などである。一方で，家事をさせることを通して子どもの義務について教えている（Fuligni et al., 2002）。Fuligni らによると，アジア，ラテンアメリカ，ヨーロッパ，アメリカの子どもの義務に関する研究で，子どもの家族に対する義務を図る水準は 2 種類に分けられているという。1 つは，親しさと手伝いである。親しさは，態度，尊敬しているかどうか，礼儀正しさ，家族のために行っているかどうか，感謝を込めているかどうかなどである。手伝いをしていることを表すのは，家族の活動に参加することである。具体的には，両親の通訳，家族と過ごす時間を作ること，弟・妹に教えること，家事をすること，家族の世話をするなどの活動が挙げられる（Fuligni et al., 1999）。異なる文化

圏においては子どもの義務に関する教えも違うと考えられる。たとえば，中国の子どもの場合，義務のほか，子どもの勉強に対するモチベーションも求められる（Fuligni et al., 2004）。義務というのは，文化に基づいて尊重される価値から形成される。

3. 家族における無関心

　本研究は，未成年の家族における義務に対する態度ではなく，それらの義務に対する無関心に着目したい。これらは，法律上また文化（伝統・道徳）の面で求められる義務である。家族における無関心とは，家族に対しておろそかに接すること，無関心な態度を意味する。

　前節で紹介した研究より，子どもに向けた義務と責任に関する教えやこれらの教えの文化圏別の違いが明らかになった。義務に関する教えは，主に家事に関する教えであり，家族における子どもの無関心に関する研究はまだ少ない。現在，未成年の子どもの家族に対する無関心の態度はあるかどうか，またもしある場合，具体的にどういう特徴かという疑問は，まだ解明されていない。家族における義務に対する子どもの無関心の研究は，家族に対する態度において新たな研究視点である。

　本研究の目的は，子どもの無関心の特徴を明らかにすることである。親（保護者）がこれらの特徴への理解と子どもの教育に貢献すると考えられる。また，子どもの無関心を測定する量的研究の展開に向けてヒントを見出すための研究でもある。

4. 研究方法

（1）研究のフレームワーク

　ベトナムも含め，世界の子どもの無関心に関する研究は多くなく，これに関する文献はまだ少ない。ゆえに，子どもの無関心の行為を明らかにするために，質的研究を主な研究手段として用いる。

(2) 情報収集の手法

以下は，本調査の流れである。

ステップ1：子どもの無関心に関する特徴を把握するために，インターネットなどを通じて質的記述を収集する。検索ワードとして用いたのは，「無関心」「家族における無関心」「無関心の生き方」である。

ステップ2：親に対する子どもの態度についての意見を集め，これらについての親のマイナスの感情を通じて，子どもの無関心な状態を明らかにする。

筆者個人のFacebookのアカウントで，「あなたの子どもは，どんな時にあなたを悲しませたり，心配させたりしますか。そしてそれらは子どもの無関心だと見なしますか」と尋ねた。調査の対象者は，Facebookのすべての利用者である。Facebookの投稿は，すべてFacebookに表示されている。

そのほか，5人の親を対象にインタビューを行った。

ステップ3：親を悲しませる行為に関する未成年の子どもたちの意見と親に対する親への期待を把握する。子どもの視点からみた無関心に対する意見を把握するためである。

25人の中2，中4，高1の子どもを対象にし，次のような調査質問をした「あなたが親を悲しませる行為は，どんな行為ですか」。また，22人の高3の子どもたちを対象にし，次のような調査質問をした「親への期待について述べてください」

(3) 情報分析の方法

収集した情報を分析する。インターネット上の調査，また親・子どもを対象にしたインタビュー調査結果を総合的に分類し，カテゴリ化をする。

5. 調査結果

(1) 子どもの無関心に関する質的記述

　無関心は，学術な場面ではなく主に日常的に使われている言葉である。そのため，「無関心の程度」を測定するために，メディア上（主にインターネット）で「無関心」に関する記述をまとめる必要がある。具体的には，無関心に関するキーワードとして「無関心」「若者の無関心」「無関心な生き方」「家族における無関心」を用いた。無関心に関する記事には多様な内容が含まれているため，未成年，または若者の無関心に関する記事のみ対象とした。Google 上で，約 1,800,000 件の検索結果があったが，検索ページの 1 ページから 10 ページまでの記事のみ対象とした。

表15-1　無関心を表す行為

1. ミスをした時に，「ごめんなさい」と謝らない。
2. 助けてもらう時に，「ありがとう」と言わない。
3. よくしてもらうこと，愛されることに対する感謝がない。
4. 悩み，痛みのある人，疲れている人に対しておろそかに接する。
5. 人の悩み，痛み，苦労をわかって共感しない。
6. 困っている人を助けない。
7. 家族にお願いされても断ったり，無視したり，いやがる。
8. 言葉または行動で人を傷つける。
9. 人を悲しませても，間違いを認めず，反省しない。
10. 人を悲しませる行為を支持する（言葉また行動で）
11. 言葉，また行動で人を悲しませる。
12. 暴力で人を苦しめる。
13. 親，祖父母に叱られた時に反対する態度を表す。
14. 兄弟，姉妹に対してスラングを使う。
15. 自分のためだけに生き，家族に対して関心を持たない。「各自が自分のやることをやる」「他人が死んでも自分とは関係ない」（ベトナムのことわざ）（たとえば，親が遅くまで帰らない時，兄は自分がご飯食べるのに，弟にあげない）
16. 人が苦労して得たものを奪う。
17. 自分に仕えるようにさせる（たとえば，ご飯を部屋まで持ってこない，あるいはご飯が美味しくなければご飯を食べない）。
18. 家族と話さない，人と接しない，心を打ち明けない（たとえば，家族を寂しい思いをさせる）。
19. 家族の仕事に参加しない。家は泊まっているホテルのようなところ。
20. 自分にできるのにできない人を助けてあげない。
21. 家族が直面している問題に対して無関心
22. 家族を愛さない（無関心，愛情を持って接しないなど）

子どもの無関心に関する内容を，コード化し，頻度の高い記述をカテゴリ化した。無関心の特徴に関する記述の中で共通した内容が多くあることは興味深い。「冷淡」や「無頓着」という表現が多く用いられている。表 15-1 は，無関心の行為をまとめたものである。

(2) 子どもの無関心に対する親の意見

Facebook 上のフォーラムで，このような調査質問をした「あなたの子どもは，あなたを悲しませたことがありますか」。表 15-2 は，調査結果をまとめたものである。

その他，個別調査として，17 歳高校 3 年生の子どもの母を対象にし，インタビューを行った。「彼（子ども）は，学校から帰って来たら，すぐ部屋に入ってドアを閉めてしまう。ご飯の時間だけ部屋から出てくる。食べ物を部屋に持って行ってしまうこともある。親に一言も話さない。私が聞いても一言しか返さず，『勉強しなきゃいけないから，お母さん出て行って』と。いつもあんな感じです。誰とも話さず，人におろそかに接している」。

別の事例で，親戚の命日の日に，親戚のおじさん，おばさん，いとこなどがたくさん来るときのことがあげられた。この行事に関わらないことは家族のことに関心がないということである。17 歳の娘と 11 歳の息子の母の話によると「今年の夫の父の命日には，夫の弟が久しぶりに海外から帰ってきた。なので，特別に準備して親戚をもてなそうとしていた。私は料理や供物を準備した

表 15-2 親を悲しませる行為

1. 親の言うことを聞かず，逆に親に喧嘩をしかける。親の期待に応えず，信頼を失う。
2. わがままで，自分のことしか考えない。
3. 人に対して関心を持たず，喜びと悲しみを分かち合うこともしない。
4. お兄さん，お姉さんが弟，妹のものを奪ったり，無関心だったりする。
5. 親が教えようともまったく受け入れない。
6. 子どもが親から遠ざかり，親のことを信頼せず，自分の悩みを話さない。
7. 親に冷たく接し，親の愛に反応しない。
8. 家をホテルのように使って，家事などに関わらない。
9. 子どもが親のお手伝いをしない。
10. 家の中にものを散らかして，片付けない。
11. 親，家族に関心がない。

り，夫は親戚を迎えて話をしたりした。しかし娘は，母親の手伝いもせず，お客さんも迎えず，ずっとFacebookをしたり，音楽を聴いたりしていて家族と過ごさなかった」。

また，別の事例で，母親は，息子が家族と食事をしている間，ずっとiPhoneをみていることに対して不満を示した。iPhoneをいじるのやめなさいと言われても，彼は拒否し，リビングに行って一人でご飯を食べる。「もう言わないで」など失礼な態度や言葉を親に話すことで悲しい思いをする親もいた。このように，家族の中で，親が子どもの無関心な態度を感じ取ることができる。

しかし，人との接し方や態度について親に教育されない限り，無関心な態度が生じることはあり得る。しつけは，長い過程を通してなされるものであり，普段から細かく行うべきである。

子どもが小さいとき，早い段階から教育することは非常に重要である。よい生活習慣，積極的な態度を身につけさせるために，早い段階から家族の家事，仕事などに関わらせるべきである。また，人に関心を持って接すること，共感すること，また親の労苦に対する感謝について教えるべきである。自分が犯した間違いを認めて，謝れるように教育すべきである。人を傷つけるような言葉を言わないように教育すべきである。このようにしていけば，子どもが家族に対して無関心にならなくなるだろう。

(3) 子どもの無関心に関して子どもの意見

「あなたは，どのようにして親・家族を悲しませましたか」という質問を学生たちに投げかけた。表15-3は，調査対象である学生たちが回答した行為をまとめたものである。

このような子どもの行為は道徳に反する行為である。道徳に反する行為でなくても，家族の愛，絆のような文化にはふさわしくない行為である。

(4) 無関心の子どもの親に対する期待

期待というのは，実際起こっていないが，それが起こることを望んでいることである。国語の授業のとき，親に対して期待することについて高3の学生たちに記入してもらった。22人の子どものうち6人の子どもが親に対して無関

表 15-3　子どもがした行為

1. 親に嘘をつく。親と喧嘩する。親の言うことを聞かない。
2. 怠ける。成績が悪い，テスト中カンニングする。
3. 人をなぐる。学校の規則に反する行為を犯す。授業をサボる。
4. 両親のお金を盗む。もらった授業料をゲームに使う。親のお金の無駄遣い。
5. 親の許可なしに遅くまで外で遊ぶ。
6. 親を悲しませることを言う。失礼な態度で親や祖父母と接する。
7. 勝手に家を出て行く。親に対して不満なとき友達の家に行く。
8. 家族とご飯も食べない。不満なときは，ご飯を食べない，音楽の音量を大きくする。ドアを閉めるとき大きい音を出す。
9. 部屋のドアを閉めて，母を入らせない。
10. 親と外へ遊びに出かけたりしない。
11. 親・祖父母のことがきらい。
12. 親の手伝いをしない。
13. トレンドに乗って，好きなものを買ってもらうように親に求める。
14. 弟，妹にものを譲らない。弟，妹を殴る。弟，妹が転んでも助けてあげない。弟，妹と喧嘩する。
15. 家事をしない。
16. ものをあちこち散らかし片付けない。

表 15-4　無関心な子どもたちの親に対する期待

1. 弟，妹のお世話をさせないでほしい
2. Q君のようなスポーツ自転車を買ってほしい。僕のはQ君ほどかっこよくない。
3. 毎日，何食べたいとか聞かないでほしい
4. 学校に迎えに来るとき親が菅笠をかぶっているのは恥ずかしい。
5. いつも勉強させないでほしい。試験を受けるのをやめてやる。
6. なんでお皿を洗わせたり，布団をかたづけさせたりするの？　お母さんがやっちゃったほうがいいんじゃない？　学校の宿題も多いし，なんでわかってくれないの？

表 15-5　家族への愛が現れた回答

1. 親の健康と幸せを願います。
2. いつも応援してくれて，そばにいてくれるお父さんとお母さんへ「大好き」と伝えたい。
3. 子どもたちのために大変な思いをしながら働いていることをよくわかっている。いつか両親の役に立てるようになりたい。
4. 父と母が愛し，期待してくれたように勉強を頑張りたい。
5. 父と母を悲しませるようなことはしない。父と母を喜ばしてあげたい。大好きです。
6. 家族でテレビをみながら，お話をするのが好きだ。

心であることがわかる。また，家族への愛が現れるような回答もあった。

　このように無関心の子どもの願いは自分中心の願いであり，愛情を込めた願いは親中心の願いである。この違いは明らかである。

6. 質的調査による主な発見

上記のデータから家族における無関心は未成年の子どもたちに起こる現象である。メディアでも認められており，実際経験した親もいる。無関心な行為や態度は，次のように分類される。

・個人主義（わがまま），他人に気を使わず，自分の利益のために親に求める傾向のタイプ
・家族，親に対して関心，注意，共感がない傾向のタイプ
・家族と親しく接しないタイプ
・家事，家族の仕事などに関心がない，関わらない
・家族を悲しませる言葉を行ったり，行為をしたりするタイプ
・親の願い（学業，人格）に応えないタイプ

本研究は，無関心の行為を把握することを目的としており，データが限定されているため，そのまま一般化することはできない。今後，子どもの無関心の特徴を明らかにするためにベトナムの子どもを始め，未成年の子どもを対象にした量的な研究を行うべきである。

引用文献

Vu Quynh Chau（2009）. 中学生が大人っぽく行動する現象に関する要因　心理学, 12, 20-27.
Fuligni, A. J., Tseng, V. & Lam, M. (1999). Attitudes toward family obligations among american adolescents with Asian, Latin American, and European backgrounds. *Child Development*, 70 (4), 1030–1044.
Fuligni A. J., Yip Tiffany, and Tseng V. (2002). The impact of family obligation on the daily activities and psychological well-being of Chinese American adolescents. *Child Development*, 73 (1), 302–314.
Fuligni, A. J. & Zhang, W. (2004). Attitudes toward family obligation among adolescents in contemporary urban and rural China. *Child Development*, 75 (1), 180–192.
Ho, D. Y. F. (1981). Traditional patterns of socialization in Chinese society. *Acta Psychologica Taiwanica*, 23, 81–95.
Nguyen Thi Mai Lan（2009）. 高校生の家族，友情関係における人格の傾向　心理学, 8, 19-25.
『婚姻と家族の法律』（2014）.

変化する社会の中のベトナムの家族の様子

呉　宣児（OH Sun Ah）

　ベトナムには，学生研修の引率や研究関連で3回だけ訪れたことがある。圧倒するバイクの風景，好奇心いっぱいな子どもたちの笑顔，ごちゃごちゃした路地でのおいしい食事，とても親切に尽くしてくれる人々の様子が目に浮かぶ。しかし，そこに長く滞在しながら人々と深く関わったことはなく，私は主にデータを通してベトナムをみてきた。そんな中で研究プロジェクトに一緒に参加しながら十数年にわたり細長くではあるが関わり続けてきた人の一人が，フォンさん（本章の執筆者）である。彼女は，ベトナム社会科学アカデミー心理学研究所に勤めるとてもハキハキした方だと思う。彼女はどちらかというと実験心理学部門で量的研究をすることが多いようであるが，ベトナムでの質的研究の紹介を頼んだら原稿を送ってくれた。フォンさんの原稿を読むときは，まず「質的」・「子ども」・「家族関係」というキーワードより「ベトナム」というキーワードの方が先に浮かび上がり迫ってきた。質的研究の位置づけも，家族の中の子どもを捉える見方も，私が身を置いて体験している日本や韓国とはずいぶん異なるかもしれないという印象をもったからであろうか。

1. 私の驚き─子どもの義務を規定する法律があるんだ！─

　国連の子どもの権利条約をはじめとする，「子どもの権利」は度々みることがある。しかし子どもの義務を法律の条項にしているのを聞いたことはない。どれくらい拘束力があるかはわからないが，ベトナムでは家族に対する子どもの義務の条項が法律として定められていることを初めて知った。その法律として示された文をみると，子どもは「両親を愛すること，尊敬すること，親孝行すること，家族の誉と伝統を守るという義務がある」（70条），「未成年の子どもは，自分の可能な範囲で家族の手伝いをする。ただし，こどもの保護・教育の法律に反する行為は犯してはいけない」，という内容である。

　ゆっくり読んでみると，違和感がすこしずつなくなる。「法律」や「義務」という言葉に私は思わず反応してしまったが，内容自体は日本や韓国でも似た内容がみられたりする。「〜○○行動のめあて」「〜休みの過ごし方」「人権〜」という表現で小中高の便りや生活通知表のようなものに望ましい態度・行動として載っていそうな内容もある。しかし，「法律」として子どもの義務が文字化されている社会は，やはり家族観や子ども観，親子の関係や関わり方が相当異なるという意味なのだろうか。

2. 家族のなかの個々人の位置づけと関わり

　家族の中の子どもたちの関わり方が問題として取り上げられ研究されていること自体を，ベトナム社会の変化が反映されているとみていいだろう。私が関わっていた日韓中越の子どもとお金に関連する一連の研究（高橋・山本，2016）では4か国での調査結果が

紹介されており，ベトナムでの家族・子どもの様子の特徴を一部みることができる。たとえば，家族が使うものを自分のお金で買うことなどに関しては，日韓中越4か国の中でベトナムの子どもが一番ポジティブに評価し，家事手伝いをして報酬をもらうこと関しては，一番ネガティブに評価をしていた。これらを含む一連の結果をもとに，竹尾（2016）は，「自己の欲求を家族の欲求と同化させようとする志向性」がベトナムの子どもの内面に浸透していること，「家族という共同体の利益」に「自己を調和させようとする強い志向性」のもとで「家族のためにあるようになれること」が，ベトナムの子どもにとっての「大人になる」ことを意味すると述べている。同じ本でベトナム人であるフオンとホア（2016）は，「子どもたちは家の手伝いをしてお金をもらうことはほとんどない。なぜならベトナムの人々は，仕事や家事の手伝いを通じた教育が子どもたちに対して効果的であり，手伝いは子どもの人格形成に役立つだけではなく，親の困難を共有し，助けるのを経験することになると考えているからである」と述べ，それを「共生関係」と表現している。フオンさんの原稿に紹介されている「親が思う子どもたちの家族への無関心な態度や行動」「子どもが思う親等を悲しませた態度や行動」「子が思う親への期待」などは，一見，どこの国・社会にでも一部みられる普通のことで，とくに，思春期・青年期には親や大人への反抗として一般的にみられる様子としてみることもできる。しかし，そう思える背景にある欧米中心の発達観・家族観・自己観を持ってみているかもしれないと思いながら，いまはその判断を止めておく。

3. 質的研究は予備調査的な位置づけ？

　従来通りの家族の関わりとは異なる様子がベトナムでみられるようになっていることはある程度イメージがつく。しかし，ベトナムのなかで，子どもたちが家族について，自己についてどのように考え方が変わり，家族生活の中でどのようにせめぎあい，親子関係の葛藤がどのように発生し，またどう解決しているのかに関する「詳しい様相」はまだ十分に伝わってこない。やはり，この研究は，フオンさん自身が最初に書いている通り，本格的な調査をするための手がかりや基本資料がなく，あくまでも「予備調査的な位置づけ」の質的研究として行われているから当然のことかもしれない。たった1例の親子の事例でも，より詳しく日常の全体がみえるアプローチをすると，どの国にでもみられるような親子の葛藤や青年期の反抗として〈わかったつもりになって〉片付けられてしまわないことがあるかもしれない。ベトナムという特殊な文脈であるからこそみられる家族関係の様相やその変化のミクロなプロセスがわかるなら，文を読んで理解する読者にはベトナムのことやベトナムの家族のことがより深くわかるようになるだろう。

竹尾和子（2016）．大人になることの意味と親子関係の構造　高橋登・山本登志哉（編）子どもとお金―おこづかいの文化発達心理学―（pp.49-71）　東京大学出版会
ファン・ティ・マイ・フォン，グエン・ティ・ホア（2016）．ベトナムの子どもとおこづかい　高橋登・山本登志哉（編）子どもとお金―おこづかいの文化発達心理学―（pp.133-154）　東京大学出版会

■座談会

　ここまでの各論考と,それぞれに付されたコメントを踏まえて,編者3人が一堂に会し座談会を開いた。ここからは,その記録である。文字起こしをした逐語録そのものでは,大変読みづらいというのが常であるため,事後に3人が適度に加筆修正したものを掲載した。もちろんその場の空気感は,できるだけ残したつもりである。
　「はじめに」でも触れたように,韓国・済州島で行いたいという構想があったのだが,3人の時間的都合とかかる費用の大きさを考慮して今回は断念し,茨城県の筑波山麓にある温泉ホテルにささやかに1泊してということになった。ナカニシヤ出版の山本あかねさん,それに沖潮さんの1歳の娘さん(圓ちゃん)と伊藤の家族(妻と0歳の息子の想玄)も同宿し,にぎやかな時間を過ごしながらの対話の場となった。
　今回,済州島に行けなかった代わりに,翌日はつくば市内にある「済州」という韓国料理店で昼食をとった。済州島出身の女主人と呉さんのお国言葉での会話も弾み,「風と石と女の多い島」というかの地に思いを馳せながら——伊藤はこれまで2度ほど訪ねたことがある——,この「アジアの質的心理学」をめぐる対話が継続し,さらにその輪が広がっていくことを願った。
　　　　　　　　　　　　　　　　　　　　　　　　　　　　　　　　(伊藤哲司)

伊藤：この本では，各国から3人ずつ論考を執筆してもらって，それぞれに対するコメント論文を別の国の人に書いてもらいました。それらを通して何がみえてきたのかということを，編者の私たちが率直なところを語っていくところから始めていって，東アジアの質的研究のゆるやかなネットワークというところに結びついていくような，そんな展望を開いていきたいですね。

呉：ではとりあえず私から，始めていいですか？

伊藤・沖潮：お願いします。

呉：日本，韓国，中国，台湾，ベトナムの5カ国の研究者が書いた論考を読みました。それで，国の事情によって質的研究の位置づけとか，意味づけとか，取り組んでいる様子がそれぞれ違うなということがみえてきました。どこの国でも，いちおう質的研究は興味関心をもたれていて，それなりにやってはいるけれども，質的研究を予備調査的な位置づけとしているのが，ベトナムの論考などでありました（第15章）。そういうところも，お互いの論考を読むと理解が違ってくるかな。

伊藤：そうですね。まさにそういう多様性があって，それを今回並べて俯瞰してみたいということが，この本を編集するひとつの動機ですね。そこからどんなことがみえてきているかを考えてみたいと思います。

◆調査協力者からのフィードバック

呉：中国の李暁博さんの原稿ですが，独特な素材の使い方をして，自分の研究プロセスを含めてこれらの原稿を書いてくれているんですよね。だからただ単純に「データを取ってそれに基づいて書きました」ではなくて，論文を書くときの葛藤とか，関わる者としての自分の葛藤とか感情を素材として書いてくれているので，よかったなと思って。社会学者とか，人類学者とかそういうことをあまりやらないでいる人が多いのではないかな。それが間違っているということではないですが，研究者の目にみえてきた「あなたの目に映った涼子でしょ？」というのを彼女から聞いて李さんはすごく嫌だったと。李さんと，対象にした日本語教師・涼子さんとのあいだにズレが生じたんですよね。そういうことは，どの研究でもありうることです。自分の葛藤や感情体験を素材にしてくれてたことで，李さんの論考は非常に豊かになったのではないかと思いま

した。でもそういう部分は実は今まであまり問われてなかったことですね。

ところで私は，故郷の済州島の研究，済州島のデータで博士論文を書いて，日本で発表するときには何の葛藤もなしに堂々と自分の研究を発表するんですけれど，韓国で発表するときってすごく緊張するんですよ。それはなぜか。当事者がみているところで，あなたの見方は間違っているよと言われることの怖さってあるんですよね。

沖潮：やっぱり私も。自分が書いた原稿の話になってしまうのですけど，二宮さんとの語り合いの中で，私が感じたことを並べていって，最終的に二宮さんって，この語り合いから力を得て大学を卒業していったんじゃないかなあと書いたんです。研究って，協力者の方にこうお返しするじゃないですか。こういう結果で，こういうふうに書いて論文にしましたよって。二宮さんの時もそうでしたが，ああ確かにそうですね，とかで終わることも多いのですが。「全然違う」と言われたら，という怖さはありますよね。李さんの論考では，涼子さんのフィードバックの仕方が，協力者の指摘からさらに別の方向に考察を進めていったという意味でありがたいですよね。

それで，呉さんが韓国でその済州島の話をすると緊張するっていうのは，聞き手の中にその当事者がいるからっていう話ですよね。だから，私もその協力者の方にこういうふうに書きましたって出すときに私もやっぱ緊張するなっていうのをちょっと思い出して。難しいですよね。返ってきたものによって，また，じゃあどこまで論文を変えるといいのかとか。

伊藤：質的研究をやっていると，そういうところにわりと直面しやすいというか対峙せざるを得なくなりますね。量的研究ではそれほどないことかもしれない。

沖潮：そうですよね。個々人のいろんな気持ちというか，顔があるじゃないですか。協力者の顔もあるし，研究者のも含めてみんなの顔っていうのが。なんかそういうのがすごい出てくるので，論文に。なので質的研究の論文は，

伊藤哲司

常に，誰かと対峙しながら執筆し続けるという感じになるんですかね。

◆**現場に向けて発表をすることの怖さ**

伊藤：あの，韓国人の呉さんが済州島のお話を担当されるときに緊張するっていう話は，私がたとえばベトナムでハノイの話をするときにやっぱり緊張するっていうことと似ていると思います。韓国人で済州島出身の呉さんでもそうなんだから，私はある意味ではもっと。私はベトナム人ではないので。

沖潮：それって，やっぱり現場の皆さんのほうがよく知ってらっしゃるとか，皆さんのほうが，そこに根付いて生きている専門家みたいな意識があるのではないかと。それで，こっちにちょっと劣等感じゃないけど，そういうものがあるのかもしれないですね。

呉：専門の研究者として仕事はしているけれども，その現場でいろいろみて伝達しているわけであって，なんというかな，その現場で起こっていることの実践者はその人たちなので，私にどのくらいみえているかなというところは本人たちの前ではなかなか言いづらい。その現場の人たちに。端的に違うって言われるかもしれないっていう恐れはあって。

沖潮：ありますよね。

伊藤：私も，以前に『ハノイの路地のエスノグラフィー』（2001年，ナカニシヤ出版刊）を書いて，日本語で出したときはぜんぜん緊張しなかったんです。でも，それをベトナム語に翻訳してもらってベトナムで出版したときはやはり緊張した，というかちょっと怖かったんです。幸いわりと好意的に受け止めてもらえたのですけどね。

もうずいぶん前ですけど，ハノイの心理学研究所で発表させてもらったときに，「あなたの取り上げた路地は典型的なハノイの路地ではない」みたいな反応がありました。「じゃあ典型的なハノイの路地ってどこなんだよ。そんなのあるの？」って言いたかったですけどね。ベトナムにおいての質的研

呉　宣児

究の位置づけみたいなことが，たぶん今回取り上げた国の中では，こう言ってはなんだけれども，一番弱いのかもしれない。

　研究者自身がそういうところに，このようなことに直面していくこと，つまり自分よりもより当事者である人たちに研究成果をフィードバックしていくときの，なんともいえない難しさとか怖さとかがありますね。でもやっぱり，そこを含めた質的研究なんでしょう。

　沖潮：そうですね。そういう意味では研究者が発表をする怖さみたいなものを直で論じているものって，そんなに今まではないような，気がしますね。私は自己エスノグラフィとして自身の経験を研究発表するときの怖さについて，以前少しだけ自分の論文で触れたことがありますが……。

◆自己の巻き込まれと対話

　伊藤：沖潮さんの，まさにね，自分自身の……。

　呉：あ，そうですね。ある意味自分の研究になっていて。

　沖潮：そうですね。それでもやっぱりドキドキしますよね。私にはこう感じられるんだけれどもっていうところ。

　伊藤：それはやっぱり，障害者がいるきょうだいでも，みんな同じじゃないわけですよね。みんな違う。

　沖潮：そうですね。きょうだい構成とか，事情とか，そういったものが全然違うので。なんとなく環境が似ている人とは，わりといろいろ言いあえるのですけれども，障害の種類が違ったりだとか，それこそ，先天性とか，中途障害とかでも，だいぶ，そのきょうだいの気持ちとかが変わってきたりするので，一概にその障害者のきょうだいがってひとくくりに当事者でしたとなっても，わかった気では絶対いられないんだなというのは常に思います。こう自分の経験もあるから，変に聞きづらくなるときもあったりして，逆に当事者だからこそなかなかうまく踏み込めないところもあったりするんだろうな。そんなことを思ったりしますね。そういうことも，今までありましたね。

　伊藤：そういう中で，今回，沖潮さんもそうだし，古賀さんが書いていた中にも対話というのが出てくるじゃないですか。それはやっぱり一つ大きなキーワードであると思うし，そういう対話的な方法，あるいは自分自身も対話自体

に巻き込まれていくところをあえて意識してやっていく。自己の巻き込まれ感みたいなことをあえて含めていくということを，日本人の研究者たちはいくらかやっていたりするのかな。そのあたりは韓国ではどうなんですかね。

◆各国での質的研究の位置づけ

呉：そこについては，私がすべてを把握しているわけではないですが，韓国はまだ，自己が巻き込まれるところまではいっておらず，そこはまだ弱くって，やっぱりグラウンデッド・セオリーとか，何らかの有名な方法を利用してないと質的研究はなかなか認められない雰囲気があると思います。ドさんを中心に，数人の研究者が韓国心理学会で質的セッションをコーディネートしながら質的研究の普及・発展のために努力していますが，自己の巻き込まれ感は，口頭発表の時に補助説明として出ることはあっても，それが論文の中身として含まれることはあまり感じられませんでした。でも私ね，3年間発表したんですよ。質的研究のところで。

沖潮：韓国の心理学会で？

呉：そうです。韓国の心理学会の質的研究だけをやるセクションに行って発表したとき，私は，有名な理論とかなんにも採用しないで，私は自分で基準を決めてこうやりましたっていうように発表したんですよ。そうしたら，「そんなふうにもできるんですねって」って，すごく感心されちゃった。韓国の中でそれを研究して発表していたら認められなかったかもしれないんですよ。

沖潮：あー，そっか。呉さんは韓国人だけど，日本で研究してるから……。

呉：そう，日本で研究して，学位も日本でとって，それなりに日本でいろいろやった後に韓国に行って発表しているので。「えっ？ 自分で基準つくっていいんですか？」と。私は誰かの方法や基準を使わず自分で基準つくってやってるんです。それで「あっ，自分でつくってやっていいんだ」という反応でしたね。

伊藤：なるほどね。

呉：韓国では質的研究をしても，だれだれの有名な先生の理論や方法を採用して，そのとおりに自分もやりましたということじゃないと安心できない部分がすこしあるようでしたね。

沖潮：いま日本では，質的研究のブリコラージュと言われるような自分の知りたいものをうまく自分で探っていくやり方の方が，多いと思ったんですけれども。

呉：韓国ではやっぱりまだ，きちんとした形があるものだけが許されているような状態がちょっと強いかなという感じですね。ジョンさんの原稿からも少し読み取れると思いますが，先行研究がまったくない場合，まずは質的研究で探っていくという位置づけでやり始める方もそれなりに多く，量的研究をしている方々が質的研究を導入する場合に，やはり確立されている方法を好んでいるかもしれません。

伊藤：中国の場合だとどうですかね。あるいは台湾とかでは。

呉：中国の事情を書いてくれた執筆者が一人いますよね。口述研究とはということで何さんが書いています。口述というのはどんな意味があるかということで。これはやっぱり，いわゆる心理学の領域というよりは，社会学か人類学の中で先に受け入れられているという感じですよね。たぶん日本でも，そうじゃないんですか。初期の心理学の質的研究では，わりと人類学とか社会学の学者たちを結構引用しながらやっていたので。

伊藤：今のあたりの話はね，今回の執筆者の1人である片さんに個人的に聞かせてもらったのですけど，中国では，2000年代から社会学や教育学などの分野で質的研究が盛んになりはじめ，海外の関連書籍も多く翻訳・出版されるようになったそうです。このような動きを背景に，心理学分野でも質的研究が唱えられるようになったと。だからやっぱり，順番としては，心理学分野は後発組のようですね。

沖潮：後なんですね。うんうん。

呉：そもそも社会学とか人類学って，統計論研究というよりは，量・質としたときには質的な雰囲気が，強かったんですかね？

伊藤：そうでしょうね。それで中国における質的研究は，台湾との交流とその影響が大きいと思っていますと片

沖潮満里子

さんのメールに書いてあって，あまり具体的なことはわからないんですけども，もしかしたら台湾のほうが，なんかそういう，またちょっと別の議論が起こってたりとかするのかなって。台北や北京のライブハウスにしっかりと入り込んで参与観察を行った簡さんの研究は，質的研究の中でもあまり型や方法にとらわれていないところがありますね。

ただ台湾でも，質的研究の学会があるとかということはなくて，これは，台湾の李旻昕さんに教えてもらったことなんですけど，質的研究は社会学とか教育学，心理学，人類学で中心的にと。質的心理学会のようなものはないそうです。

呉：ないんですね。韓国でも質的心理学会はない。でも一応心理学会のなかで質的研究のセクションはある。だから，日本質的心理学会が生まれる前の日本で，学会の一つのセクションで集まって質的研究の発表は一緒にするみたいなそんな感じですかね。でも韓国でも，質的研究に関する本とかは結構出ていて，本屋さんに行けば売っています。図書館に置いてあったりはするけど，そんなに豊富ではなく，比較的種類は少ないですね。

伊藤：今回この5つの国の論考を並べてみたときに，やっぱり事情の違いとか温度差みたいなものが，多少浮かび上がってきてると思うんですよね。ま，私たちは3人ずつ，こう，お願いした時に，まあ，もちろん無作為サンプリングしたわけでもないし，どちらかというとかなり恣意的に執筆者を指名してお願いしたところではありますけど。とはいえ，そこから浮かんでくる質的な違いみたいなものがみえてきているのかなとは思いますね。その違いを感じながら，この次のステップに進むのに，何が必要かなって思います。

◆文化のズレとさらなる対話に向けて

伊藤：今回選んだこれらの国は，いわゆる漢字文化圏ということで共通するところですね。この中で，比較的，顔も似ていて文化的にも似てるんじゃないかと一瞬思ってしまうようなところがあるけども，でも，実はズレがあったりして。そのズレというものが，最初から全然違うというところから始まる異文化理解とは違っている。わりと似ていると思ってしまうがゆえに，何かいつのまにかズレが大きくなって，「あれ？」となることがある。そんなことがあるん

じゃないのかなって。

　私はベトナムによく関わっていて，そんなふうにすごく思うんですけどね。でもあえてそこを取り上げて，そこをどんなふうにすれば，きちんと対話でつないでいけるかっていうあたりを前向きに考えたいなって思います。

呉：そうするとまずは関わるしかない。関わらないと違いがわからないので。

沖潮：そうですね。そして後は関わり続ける，っていうところですよね。

呉：うん，関わり続ける。対話し続けるなかに，お互いにみえてくるということがありますから。それでこの本を，本当にそれぞれの国で翻訳して出版できたらすごくお互いにいいのかなって。

沖潮：そうですね。

伊藤：私もそう思います。

呉：それで，韓国の関係者には，韓国語に翻訳出版したいと話してはあるんです。韓国の研究者たちが各章の原稿やコメントを読んでどんな感想を持つようになるのか知っていくための対話が始められるし，その対話によってまたお互いのズレや共有できる部分もあらたにみえてくると思いますね。

　この本自体が，日本らしいといえば日本らしいというか。日本の執筆者が書いた各章へのコメント論文を読むと，よく褒めている。まず，その章の内容の良いところを見つけ出し，徹底的に褒める。そして，ときに充分でない部分を指摘したい時には，その気持ちをおさえて，「こうするとさらに良い」という書き方をしていますよね。私は日本に住んでいる韓国人だからわかるんですよ。各章で足りないことを，実はすごくやわらかく指摘している。論考の執筆者がそのコメントに気づかないこともあるかもしれません。柔らかい指摘がすごい日本文化的です。原稿書くときの文化差ってあるんですよね。批判するならはっきり指摘したほうが，伝わるかもしれないけど。

沖潮：なるほど。コメント論文の解釈の仕方もたぶん文化差が出てくるってことですよね。

呉：そうだと思います。

沖潮：それすごい面白い。

呉：日本人の言い方ってあるんじゃないですか。この，実はすごい批判しているのに批判にみえない。

沖潮：やっぱりコメント論文はどうしても日本語で書いていただくっていうことで日本語ができる人に多くお願いするじゃないですか。だから，そういう意味で，書き方もそういうものが多いのかもしれませんね。

呉：原稿条件がそうだから，そうなるのだと思うのね。いちおう丁寧だけど，そこがどれくらい執筆者に伝わるかな。そこの部分が私は韓国語に翻訳して伝えるときには結構悩む。翻訳なので，そのまま翻訳するしかないんですけど。

沖潮：その翻訳で，またニュアンスとかで変わってくることってありますか？

伊藤：そこに対して，コメントが必要なんだよね。解説が。

呉：多分，お互いに発表すると違和感が残る。でもその違和感をまず共有する必要があるので，全部翻訳出版ができなくても，書いてくれた人へのコメントとかは，ちゃんと翻訳して各章の著者へ渡したりとかができればいいと思うんですよね。それをしないと対話は始まらないので。

◆言葉の壁を越えるために

伊藤：なんていうか，文化差の問題というのもあるんだけど，やっぱり言語の壁があって，そこをどう越えていくのかっていうのは大きな問題。結果的には，言語が達者な人に通訳とか翻訳とかしてもらうってことになるのかなあと思いながらも。あるいは，共通言語として英語を使うとかね，そういうことしかない。

呉：そうですね。時間と手間隙かけないと，交流と対話は成り立たないので，かけるしかないかな。でも一応中国も台湾も日本語ができる人がいるわけですよね。なので，それぞれの国に返すときには，その人たちを中心に協力体制ができるといいんじゃないですか。

伊藤：この本ができてからかもしれないけど，呉さんが言うように，コメント論文だけはどうにかして返せるといいですね。今ここで議論した，コメントの書き方や返し方，書く志向性み

たいなことも含めてフィードバックするといいかもしれない。それ自体がひとつの対話なので。

◆ 身体化された文化

伊藤：結局，私たちが紡ぎだす論文という形式の中での言葉も，結構，文化的な要因とかその社会背景とか政治的な体制とか，結局そこに制約を受けてるんですよね。日本にいて，こう，自由にものを書いているつもりでいながら，実はそうではなかったりするかもしれない。

沖潮：もうその制約を自明のものとして，そこをうまくクリアしながらやっているっていう。

伊藤：うんうん。たとえばですね，つい最近，ゼミの大学院生，中国人なんですけど，と議論している中で，円卓シネマ（一緒に同じ映画をみて対話をする方法）をやって，映画の話をしたんです。それでそのときに，中国政府批判的なことはなかなか書けないよねって私が言ったんです。そういうのをみんなどういうふうに思うのって聞いたら，中国人留学生たちは「いや，普通ですよ」みたいなことを言うんです。要するに，それに対して，日本にいても，そんなにこう疑問をもたない。でも，みんなは，日本にいるからもっと知ることができるじゃないかと言ったのですが，「はあ，まあ，そうですねえ」みたいなかんじで，あんまりピンときてない感じですね。

そういうことは，情報が統制されているような中で起きるのかなって思うんですけど，留学などで日本に来ても，そんなに抜けないっていうか，そんな感じをちょっと持つんです。結局その，私たちが身につけてきている文化は，身体化されていて，結構染み付いていて。だから，呉さんが，何年日本に住もうとも，やっぱり韓国，っていうものが抜けることは絶対ないと思うんですよね。そういうことをもとにした違和感というのは，ずーっと続くんじゃないですかね。

呉：結構子どものころからの積み重ねですよね。

◆ 東アジアの質的研究ネットワークを

伊藤：そのあたりを超えて対話をさらに発展させていけば，田垣さんが書い

ているようなネットワークをつくるという話になってくると思うんですけども。東アジア諸国間の質的研究のつながりをつくり，総会開催とジャーナル刊行を提起したいっていう。実際に総会をひらくとか，ジャーナルをつくるとなると相当ハードルが高いんですけど，どうやってこう緩やかなつながりをつくっていけるかっていうあたり少し考えていきたいですよね。

　私などはとくに，ベトナムの研究者をもっと巻き込みたいっていうか，そんな感じがあって。あの，ハロン湾の章のフォンさんが書いていましたけど，私が何年か前にハノイの東北アジア研究所というところで，自分の『みる きく しらべる かく かんがえる』（2009 年，北樹出版刊）という本を使って集中講義をやったんですよ。その時彼女がいたんですね。実はあの本はベトナム語版があってハノイでも出版されているんです。そういうのを活用してくれたのはよかったんですけど，それは本当にまだごく一部の動きです。この本の各国語版ができていくといいですね。夢は広がりますね。

　呉：もう一人のフォンさんは，その家族の無関心について書いて。彼女は，いわゆる量的研究をメインにしてきたんでしょうね。そのフォンさん，私はわりと，知っていて，何度も会っているし，やりとりもしてきた人なんですけど，原稿をみて，質的研究を本格的にやったことがたぶんなかったんだとどこか納得して。

　沖潮：彼女の質的研究は，わりと量的研究の予備的調査の位置づけでしたよね。

　呉：そうですね。私はこれまでそのフォンさんと一緒にお小遣い研究をしてきていて，私は全部質的研究として発表するんですけど，そのときも，なんかこう，すっきりしない顔をするんですよ。それで，統計で発表するものには，すごくこう納得がいく，という感じだったので。あいまいで終わるのが，すごくすっきりしないのだろうなって。

　沖潮：んー，なるほど。

　伊藤：あの，少し話が戻ってしまうんですけど，ランさんっていう別のベトナム人研究者で，ハノイの東北アジア研究所にいる人なんですけど，その人に質問をしたんですね，ベトナムでの質的研究の現状を。いま面白いなって思って彼女の返信を読み返しているんだけど，ベトナムに質的研究の学会はないっ

ていうのは当然で，彼女が博士課程に在学したときに，質的研究方法と量的研究方法を学んだことがありますと。そのときの教師は，心理学研究所副所長のフオン先生です，っていう。だから，あのフオンさん……。

呉：あっ！　フオンさんか。あー。

沖潮：えっ，あの家族の無関心について書いた……。

伊藤：そう。ただ，「質的研究法を学んだ」って書いてある。内容はわかんないですよ。

沖潮：コミュニティは結構小さいんですね。

呉：あの，フオンさんが実際にやったのは，インターネットで検索した言葉を拾ってカテゴリ化してみて，ということで，統計を使わない方法という意味での質的研究ですよね。

伊藤：上智大学で修士課程を終えたばかりのフオンさんは，経営学の立場からベトナムでの日系企業でインタビュー調査を展開していますが，必ずしも積極的に質的研究の方法を採用したということではないようですね。

ところでランさんからの返信で，もうひとつ面白いなと思ったのは，とても興味深いのは，今はほとんどのベトナム人研究者が質的研究法を使って自分の研究をしていますと書いてきたこと。

沖潮：えっ

呉：ふーん。

伊藤：それはなぜかと言うと，ベトナム政府からの予算で，規模の大きな量的研究はなかなかおこなうことができないからです。要するに予算が十分ないから，仕方がないということのようです。

呉：だからこう，量的研究は全体を統括する，というようなイメージで，

沖潮：大規模じゃなきゃだめなんだ。

伊藤：やっぱり，数字でこう示して，いわゆる一般化しみたいにしてデータを示さないと。この心理学研究所も東北アジア研究所も，国のシンクタンクなんですよね。だから結構なん

ていうか責任が重たいっていうか，ま，日本の大学に務めている私たちだってもちろん責任は重たいけど，でもまあわりと何を書こうとも，自由っていうか。で，逆に言うとその，そんなにインパクトがないっていう感じなんだけど。でもベトナムの彼女たちは，自分たちが出したものが政策に反映される可能性が高いところにいるので，そういう基準もあるんですよね。きっとね。そういうところで，中途半端なというふうにみえる質的研究をやっても，それは予備的なものとしかみなせない，というところがあるんじゃないですかね。でも，フオンさんの論考を読んでるときに，なんか，その，そういうテーマを取り上げること自体の興味深さもあるし，あれはあれで浮かび上がってくるものはないわけではない。

沖潮：そうですよね。そういう意味では，各章に，その国の社会文化的な背景がそれぞれありますよね。もう一本のベトナムのフオンさんの論考では，あのハロン湾の漁村の筏生活の住民を陸上に移すプロジェクトについての論文もありましたけど，結構衝撃的ですよね。政府がよかれとしてやったことは，住民たちにとって全然よくなかったっていう。

伊藤：うん。あれは，ベトナムでも，同じものが出せるのかな。

沖潮：政府批判になりかねない。

伊藤：出せるのかもしれないけど，ちょっと渋い顔でみられそうな……。

呉：ベトナム語で出すときには，その部分はちょっと修正するとか……！？

◆東アジアの質的研究の未来

呉：日本・韓国・中国・台湾・ベトナムで3人ずつの原稿とコメントを含めて読んでみると，それぞれ異なる読み応えが布置されていて面白いですね。

原稿を読むときに「質的研究」として読んでいることを忘れて，各章で取り上げている現象・内容について自分の国の様子と比較しながら読んでいる自分がいました。たとえば，古賀さんの保育に関する原稿を読むときには韓

国の保育場面とどう違うかなと思ったり，フオンさんの未成年者の無関心に関する原稿を読むときには，韓国と日本の感覚と比べながら考えたりしている自分がいましたね。また，台湾の寄付文化の原稿を読むときにも日本や韓国の寄付文化を考えたりしました。ぞれぞれの原稿がその国の一部分の様子かもしれませんが，それでも詳しい記述を読んでいるうちに，いつのまにか比較しながら違和感を持ったり共感したりしながら自己内対話をしているのですね。

また，ドさんの章にあるように，研究内容そのものというよりは指導教授とのやり取りや蛍光ペンやノートという些細なことが，以外と質的研究をしていく中で必要なアクセントだったりすることを気づかされますね。投稿論文を執筆していく過程でも人々と対話しつつ自分の考えを変えていくプロセスも出ていて面白かったです。

いま，私たちがやっていることは東・東南アジア5か国の原稿を互いに読み比べする動きの始まりですよね。伊藤さんが先に言ったように，欧米との比較のように最初から違いが目立つわけでもなくむしろ似ているように思ったりするけど，詳しくみると互いに違和感を持ったり違いがみえたりする中で，アジア発アジアの中の対話が進んでいくのではないかと思います。

まずは，この本の翻訳からはじまり，毎年ではなくても2～3年に1回でも学会等で集まり，新たな対話をし続けていくという体制ができると東・東南アジア発の質的研究の新たなカタチができていくかもしれないですね。

沖潮：各国の論考は，本当にいろんな読み方ができますよね。自分自身の経験や，日本の場合と照らし合わせてみたり，また少し違う文化を有するアメリカやオーストラリアといった留学したことのある国のことを思い浮かべながら読んだりもしました。

面白いと他にも感じたのは，各国に家族に関する論考があることです。日本では私の障害者のきょうだい，韓国ではジョンさんの癌患者の家族，中国では直接家族をテーマにしているわけではありませんが片さんが取り上げた作文は家族に関するものです。台湾では黄さんが国際結婚家庭，ベトナムではフオンさんが未成年の家族における無関心について執筆されています。さまざまな形で家族にアプローチをしていて，これらにはそれぞれの文化や社会的な様相がとくに色濃く出ていると思いました。

これは，家族というどこにもひとつとして同じものはないものを取り上げていくのに，個にアプローチしていけることを特徴としている質的研究が適しているというのは当然ながら共通しているということですよね。アジア各国は欧米などと比較して，個人主義よりも集団主義の傾向があって，家族内のつながりも強い部分があると思います。そのあたりはこういったテーマ選択の際にも表れているのかもしれません。それでも，中身を読んでみるとかなり文化差を感じ取れるのではないでしょうか。そこが本書の面白さのひとつだと改めて思います。

今はこうして文化差や，質的研究のもつインパクトや影響の違いをそれぞれが感じたり，考えたりして論じるところにとどまっていますが，開けた議論を新たな対話の場でしていきたいですね。

伊藤：今回のこの本の中で，こういうふうにやってきて，いくつか大事なことが浮かんできたと思うし，そこに私たちが自覚的になったときに，自分がやっている研究も含めて，あるいは自分に近いところで研究している人たちも含めて，もう少し相対化できるというか。そうすると違う見方とか違う捉え方というのがありうる。そういうことがわかってきますね。あるいは自分がとらわれている暗黙の前提に気づくことができるかもしれません。

これも，一見似ているようにみえる漢字文化圏のなか，東アジアのなかというところで，浮かび上がらせていくことが大事かなって思います。この本でやった試みは，本当に些細なものですけど，これをきっかけにアジアの仲間がジワッと増えるといいですね。歴史認識の相違など，難しい問題を抱えている私たちですが，まずは研究者として言葉を交わせる間柄になるということ。そこから，単純に「よくわかりあえる」関係になることはできないとしても，「何がわかりあえていないかがわかりあえる」ところには，研究者として到達してみたいものです。漢字文化圏のゆるやかな質的研究者共同体ができていくことを夢みて，さらに一歩進んでみたいなと思いました。

おわりに

　ここまでたどり着くのに，思いのほか時間がかかってしまった。過去のメールを読み返すに，最初に伊藤が本書の企画をナカニシヤ出版の山本さんに相談したのは2013年で，企画が実際に動き出したのが2015年であった。それから5年ないし3年の年月がたって，ようやく本書は日の目を見ることになった。
　少々言い訳がましくなってしまうが，翻訳をともないながら原稿をまとめていくことに，思いのほか時間がかかった。本書の執筆者・協力者が翻訳のプロでもないのにその役目を担ってくれたためということもある。日本語の論考を翻訳して韓国語でコメントを書いてもらい，それをまた日本語に翻訳したといった部分もあったが，それぞれ忙しいなかでのこのような作業は，無理にでも早く進めてもらうわけにはいかなかった。
　そもそも日本以外の研究者に執筆依頼をすること自体も，あんがい手こずったところがあった。送ったはずのメールに長らく返信がなく，再度問い合わせを繰り返すなかで，ほとんど相手が使っていないメールアドレスに送られていたということもあった。そういうことがすぐに確認しがたいということも，幾度も経験した。
　そのような草の根のボランティアのような執筆者たちの協力と，私たち編者の粘り，それからナカニシヤ出版の山本さんの忍耐があって本書ができあがっている。これらのいくつもの作業を通して，私たち編者も，「はじめに」で触れたようにSkypeもしばしば活用しながら対話を重ねてきた。そして，そのこと自体が大きな糧となったように感じている。同時に，そのことにこそ価値があるとも思う。
　『アジアの質的心理学』と大風呂敷を広げてみたものの，そのカバーしている範囲が限定的であることは重々承知している。これが始まりであり，ここからの広がりが期待されるところである。私たちはそれを，ゆっくりじっくり進めていきたいと考えている。大変な手間がさらにかかることになるが，その仲間に加わっていただければ，大変うれしくありがたい。

いわゆる欧米の研究との比較ということも重要であるが，一見似ているようにみえるアジア——それもここでは漢字文化圏のアジア——の中の多様性に気づき，それをあぶりだしていくことは，アジア人としての私たち自身についての理解を促すものでもある。一見自明のようにみえて，実は自明ではない部分をどうあぶりだしていくのか。そのための地道な作業を，これからも続けていきたいと思っている。

　　　　　　　　2018年3月11日　東日本大震災から7年目のその日に
　　　　　　　　　　　　　　　　　伊藤哲司・呉宣児・沖潮満里子

索　引

あ

アイデンティティ　114
　　自己――　44
　　場所――　47
アクションリサーチ　12
アクティブ・インタビュー　32
天下り式理論　38
暗黙知　26
一般化　63, 171
インタビュー　52, 54, 131, 144, 154, 166, 168
　　――調査　152, 154
　　半構造化――　13, 121
　　非構造化――　3
受け入れ反応　44
エスノグラフィー　97
　　自己――　3
　　対話的――　3
　　対話的ビジュアル――　27
　　多声的ビジュアル――　26
エンパワメント　9
OJT　156
オープンコーディング　54, 65

か

解釈主義　86
「外籍」　119, 120
概念　54
　　――装置　44
確認転回質問　45
家族共同体の適応　67
家族の適応　66
語り
　　――合い　3

――方　9, 41
――内容　40
――の機能　9
――の共同構築性　2
――の内容　9
――のプロセス　9
共同――　39, 40, 44
個人――　39, 40, 44
知り合いと――合う　39
出来事としての――　41, 42
評価としての――　41, 43
風景としての――　41
カテゴリ　54, 55, 65, 66
　　下位――　54
　　――化　168
カルチュラルスタディーズ　131
癌患者　64
　　――の家族たち　64
　　――と家族の保護者　63
観察　144
　　――ノート　52
患者の適応　66
感情　53
　　――過程　56
　　――的反応様式　54
教室でのディベート　52
供述分析　74
共同構築　9
共同性　44
　　――の生成　44
　　――のレベル　44
　　原風景の――　44
グラウンデッド・セオリー　65
　　――・アプローチ　50,

54
経営管理　152
経験知　31
KJ法　20
結晶化　92
研究コミュニティ　58
研究ノート　57
研究倫理審査委員会　64
健常者　16
現地調査　131
原風景　39-41
　　――の共同性　44
行為叙述タイプ　41, 42
口述史　86
構成主義　86
コード　65, 66
　　――化　168
国際化　118
国際結婚　118, 119
子どもの義務　165

さ

参加タイプ　44
参与観察　131
シークエンス分析　9
軸足コーディング　54, 55
次元　54
事実説明タイプ　41, 42
持続的な比較分析　65
実証主義　85
実践知研究　26
社会的構成主義　51
集団主義　17, 161
主観性　100, 101
授業観察　52
主張演説タイプ　41, 43
主保護者の決定　66
主保護者の適応　66

索引

障害者　12
　——手帳制度　18
　——のきょうだい　2
生涯発達　13
詳細な描写　54
情緒研究　50
資料に対する敏感性と開放性　57
事例調査　153, 154
人材の現地化　152-155
「新台湾之子」　119
人的資源管理　152
　——システム　153, 156
信頼性　54, 89
スキーマ・アプローチ　76
スティグマ　17
静的な知　4, 9
世代継承性　17
説明概念　40
センスメーキング理論　15
選択コーディング　54, 65
属性　54
存在論　102

た
多重現実　92
たたき上げ式理論　38
脱身体化　26
立て直し　113, 114
多様な経験のニュアンス　63
探索的な質問　53
地域づくり　39

中核カテゴリ　56
debriefing　58
　——過程　58
expert ——　53, 54, 58
peer ——　53, 54
動的な知　4, 9
討論授業　52
討論状況　54
トライアンギュレーション　92, 128, 129

な
ナラティブ・アプローチ　69
ナラティブ・インクワイアリー　97
入社　161

は
背景知　32
パラダイム　56
PAC 分析技法　2
非標準的出来事　16
評価意味づけタイプ　41
フィールド調査　131
フィールドワーク　150
風景回想タイプ　41
敷衍説明　44, 45
prolonged engagement　54
文化的アイデンティティ　149
文献収集　131

文脈知　34
ヘテロトピア　139
母語の継承　119

ま
眼差し　34
無関心　163, 165
　家族における——　165
　子どもの——　169
物語モード　75

や
ユートピア　139
世直し　111, 113, 114
「寄り添う」のアプローチ　23

ら
ライフコース理論　13
ライフストーリー　3, 4, 6, 9
　二重の——　3
　——研究法　12
　——の「共有」　7-9
両価の視点　14
倫理問題　97
論理 - 実証モード　75

わ
話題提供　44
われわれ感　47

【執筆者紹介】

■日本

伊藤哲司（ITO Tetsuji）編者
茨城大学人文社会科学部教授　社会心理学
ベトナムをフィールドに質的研究を志向し，日本質的心理学会に設立当初から参加。2013～2015年度には『質的心理学研究』の編集委員長を務めた。学内では地球変動適応科学研究機関の機関長を担い，サステイナビリティ学の諸問題を，東南アジアを含むネットワークのなかで捉え実践を試みている。50歳代にして，また1からの子育て中。
担当：はじめに，8章コメント，10章コメント，13章コメント，座談会

沖潮（原田）満里子（OKISHIO（HARADA）Mariko）編者
湘北短期大学専任講師　臨床心理学
東京生まれ東京育ちの江戸っ子。青山学院大学大学院にて修士（国際コミュニケーション）取得後，社会人経験を経て東京大学大学院にて修士および博士（教育学）を取得。障害者のきょうだいの生きるありようをテーマに，自己エスノグラフィや他のきょうだいとの語り合いを中心に質的研究をしている。臨床心理士として，親子の発達支援等にも携わってきた。
担当：1章，7章コメント，11章コメント，座談会

田垣正晋（TAGAKI Masakuni）
大阪府立大学人間社会システム科学研究科教授　障害者心理学，障害者福祉学
障害者の生涯発達やライフコースにおける心理社会的な課題，市町村の障害者施策における当事者参加型住民会議を，質的研究やアクションリサーチを用いて研究している。これらの研究から東アジア的な特徴を見出そうとしている。ドイツの質的研究のグループとの交流もある。日本質的心理学会の理事および質的心理学研究の編集委員，社会福祉系の学術雑誌の査読委員をしている。自治体の障害者施策への質的研究の活用を進めている。
担当：2章，4章コメント，9章コメント

古賀松香（KOGA Matsuka）
京都教育大学教育学部准教授　幼児教育学・保育学
保育者の専門性に研究関心をもち，幼稚園，保育所および認定こども園をフィールドとして，関わり続けている。近年は，保育者の研修や実践研究に関与することが多く，幼小接続研究にも携わるようになったことから，小学校も新たなフィールドとなりつつある。2014～2015年度日本質的心理学会研究交流委員長を務めた。実践者とおいしいお酒を飲みながら，保育・教育について語り合うことが何より楽しい今日この頃。
担当：3章，6章コメント

■韓国

呉宣児（OH Sun Ah）編者
共愛学園前橋国際大学教授　環境心理学・文化発達心理学
韓国済州島生まれ育ち。韓国の済州大学校で日語日文学科を卒業後，1994年から来日。お茶の水女子大学で修士，九州大学で博士号を取得。「語りからみる原風景」「お金をめぐる日韓中越の子どもたちの生活世界」「対話を通した集団間異文化理解」などのテーマで質的研究をしてきた。前橋市では，住民の地域づくり活動にアドバイザーとして関わってきた。
担当：4章，3章コメント，15章コメント，座談会

ド・スンイ（DO Seung Lee）
Sungkyunkwan University　教育心理学
韓国の延世大学校（Yonsei University）で心理学を専攻し，アメリカのテキサス州立大学でプログラム評価修士，教育心理学博士を取得。主に，Well-beingや情緒研究に関心がある。博士学位論文では大学生たちの討論授業で学生たちの情緒が彼・彼女らの考えや行動とどう相互作用するのかについてグラウンデッド・セオリー・アプローチで分析した。本論文はアメリカ教育心理学の最高権威誌である *Journal of Educational Psychology* の2004年12月号のlead articleに選ばれた。韓国でも同じテーマで質的研究を継続してきた。現在，韓国心理測定評価学会の質的研究分科委員長として活動している。
担当：5章，1章コメント

ジョン・アンスク（JEONG Ansuk）
The University of Utah　Asia Campus　心理学
韓国生まれ育ち。韓国の延世大学校（Yonsei University）で心理学と韓国語学の学士を，臨床心理学の修士を終えた後，アメリカシカゴのイリノイ大学でコミュニティ心理学の博士号を取得。癌，障害，希少難治および慢性疾患のような外部的なストレスに対して，家族共同体の適応の様子に関する研究を主にしており，今後，高齢化社会の認知症に対する家族および地域社会共同体の対応について研究していく。
担当：6章

■中国

片成男（PIAN Chengnan）
中国政法大学社会学院助教授　発達心理学・法心理学
文化現象への関心から，中国・日本・韓国・ベトナムの子どもたちのお小遣いについて研究を行ってきた。現在は文化研究の方法論に注目し，中国と日本の大学の交流授業を実践している。法心理学領域では供述分析に興味を持ち，日本の法心理学会にも参加している。発達心理学や文化心理学を背景に，質的研究の視点から法に関する問題を考えている。
担当：7章，5章コメント

何江穂(HE Jiangsui)
中国政法大学社会学院講師　社会学
アメリカの大学で社会学を勉強し，博士学位を取得。北京大学の修士課程に在籍する期間中，中国の社会変遷に関する口述史研究を行ってきた。現在の研究分野は比較・歴史社会学，農村社会学および社会学における質的研究法である。大学では，質的研究法，海外における中国研究などを教えている。
担当：8章

李曉博(LI Xiaobo)
(中国) 深圳大学外国語学院日本語科准教授　日本語教育学
中国において，日本語教育をはじめ，外国語教育における教師の発達と学習者の学び・変容などを質的手法で研究し，質的研究に関する理論や方法論などを中国に紹介することなどにも取り組んでいる。中国の日本語教育学会の理事を務めている。
担当：9章，12章コメント

■台湾

李旉昕(LEE Fuhsing)
京都大学防災研究所巨大災害研究センター特定研究員　防災心理学
研究のキーワードは，コミュニケーション，地域社会，防災教育，震災復興，災害報道，アクションリサーチ。地域住民がいかに能動的・主体的に外部者(行政，専門家，マスメディア，ボランティア)と関係性を構築するのかを探究している。日本に来て10年目。夫は日本人。特技はフィールドで現地の住民と仲良くすること。
担当：10章，2章コメント，14章コメント

黃琬茜(HUANG Wan-Chien)
同志社大学社会学研究科外国人留学生助手　教育文化学
台湾における国際結婚家庭を巡り，家庭教育だけではなく学校の母語教育も含まれるさまざまな問題に焦点を当てて研究している。私にとって研究というものは，当事者の声を丁寧に受け止めることが非常に重要である。今後も質的研究を通して，社会的に声を上げられない立場の人々の声を掬い上げていけるように努力したい。
担当：11章

簡妙如（JIAN Miaoju）
国立中正大学社会科学院傳播學系暨電訊傳播研究所教授
カルチュラルスタディーズ
専門分野はオーディエンス研究，ファン研究，研究のキーワードはリアリティショー，ポップミュージック，サブカルチャー。ここ10年は台湾をはじめ東アジアのライブハウス，インディーズミュージックシーン，インディーズカルチャーなどを研究している。自身もインディーズのファンであり，ポップミュージックと社会，カルチュラルスタディーズなどの授業を担当している。
担当：12章

■ベトナム
グエン・ティ・トゥ・フオン（NGUYEN Thi Thu Phuong）
国立ベトナム文化・芸術研究所准教授　文化人類学
国立ベトナム文化・芸術研究所で文化産業開発センターのセンター長として勤務。20年間にわたる文化研究の経験があり，文化外交・ソフトパワー・文化産業について研究を行っている。さらにベトナム文化について深く知りたいと考えており，ベトナム文化産業やソフトパワーを開発する新たなアイディアを発見するための国際的な経験も有している。
担当：13章

ホー・ティ・ミン・フオン（HO Thi Minh Phuong）
IT企業勤務　経営学
フエ外国語大学にて日本語を専攻。大学を卒業後，上智大学大学院に進学し，経営学人的資源管理を専攻とし，ベトナムをフィールドに日本的経営の海外移転の諸課題を追究した。2017年に修士課程修了後，文系出身ながらITの会社に入社し，システムエンジニアとして勤めている。現在は，学ぶことの多い毎日を送っている。
担当：14章

ファン・ティ・マイ・フオン（PHAN Thi Mai Huong）
ベトナム社会科学院心理学研究所研究員・准教授　心理学
旧ソビエト連邦・レニングラード国立大学を卒業し，ソウル大学で大学院修士課程を終え，ベトナム社会科学院で博士号を取得。1989年から現在までベトナム社会科学院心理学研究所に研究者として勤めると同時に，現在はハノイ国家大学等で准教授としても勤めている。感情心理学，文化心理学や心理学測定法に関心が高い。
担当：15章

アジアの質的心理学
日韓中台越クロストーク

2018 年 3 月 31 日　初版第 1 刷発行　（定価はカヴァーに表示してあります）

編　者　伊藤　哲司
　　　　呉　　宣児
　　　　沖潮満里子

発行者　中西　　良
発行所　株式会社ナカニシヤ出版
〒606-8161　京都市左京区一乗寺木ノ本町 15 番地
　　　　　　　　　　Telephone　075-723-0111
　　　　　　　　　　Facsimile 　075-723-0095
　　　　　Website 　http://www.nakanishiya.co.jp/
　　　　　E-mail 　　iihon-ippai@nakanishiya.co.jp
　　　　　　　　　　郵便振替　01030-0-13128

装幀＝白沢　正／印刷・製本＝ファインワークス
Copyright ⓒ 2018 by Tetsuji Ito, Sun Ah Oh, & Mariko Okishio
Printed in Japan.
ISBN978-4-7795-1276-6

◎Facebook, iPhone など，本文中に記載されている社名，商品名は，各社が商標または登録商標として使用している場合があります。なお，本文中では，基本的に TM および R マークは省略しました。
◎本書のコピー，スキャン，デジタル化等の無断複製は著作権法上での例外を除き禁じられています。本書を代行業者等の第三者に依頼してスキャンやデジタル化することはたとえ個人や家庭内の利用であっても著作権法上認められておりません。